MZ세대에 부동산 투자가 필요한 이유
나의 성공은 나만의 것이 아니다

나는 MZ 부동산 재테커이다

크로 지음

신아사

크로 "크나큰 사람으로"

누구에게나 찾아오는 삶의 전환점을 기회삼아 삶이 변화된 평범한 직장인이다. 근로소득을 위한 이직공부 대신 자본소득을 위한 투자공부로 방향성을 잡고 경제적 자유 및 시간부자를 꿈꾸며 한발한발 나아가고 있다.
각종 부동산 커뮤니티에 참여하며 가장 많이 들었던 말, "크로님 나이가 어떻게 된다고요?"
시드머니가 부족한 MZ세대이기에 부동산 투자가 불리하다고만 생각했다. 하지만 투자공부를 할수록 시간의 힘을 가진 MZ세대에게 부동산 투자가 유리하다는 것을 깨닫고 열심히 임장 및 투자를 하며 블로그와 유튜브를 운영하고 있다.

블로그 : https://blog.naver.com/jbw0611
유튜브 : 크로의 재테크이야기

나는 MZ 부동산 재테커이다

초판 1쇄 발행 _ 2023년 6월 10일
2쇄 발행 _ 2023년 7월 31일

저 자 • 크 로
발 행 인 • 정 현 걸
발 행 • 신 아 사
인 쇄 • (주)부건애드
출판등록 • 1956년 1월 5일 (제9-52호)
주 소 • 서울시 은평구 통일로 59길 4(2층)
전 화 • 02)382-6411 · 팩스 02)382-6401
홈페이지 • www.shinasa.co.kr
E-MAIL • shinasa@daum.net

ISBN 979-11-92428-89-5 (03320)

정가 15,000원

Contents

Intro. MZ세대가 회사에 바라는 점은 큰 것이 아니다. 9

PART 1 누구에게나 찾아오는 삶의 전환점을 만나다.

CHAPTER 1. 취업 후 달콤한 시간 15

CHAPTER 2. 고난은 곧 기회 17

CHAPTER 3. 근로소득이 아닌 자본소득을 선택한 이유 24

CHAPTER 4. 막막한 자본소득 늘리기 27

CHAPTER 5. 나에게 맞는 재테크 방법은? 29

CHAPTER 6. 투자를 왜 하려고 하는가 31

PART 2 MZ세대에 부동산 투자가 필요한 이유

CHAPTER 7. 부동산 투자에 대한 고정관념 39

CHAPTER 8. MZ세대가 부동산투자에 유리한 이유 51

CHAPTER 9. 부동산 투자를 위한 마음가짐 58

CHAPTER 10. 부동산 투자를 위한 환경셋팅 64

CHAPTER 11. 하루에 10권이상 독서가 가능하다고? 72

PART 3

부린이 탈출을 위한 9단계 방법

CHAPTER 12. 1단계 책을 대하는 바람직한 자세 81
CHAPTER 13. 2단계 어떤 강의를 들어야 할까? 87
CHAPTER 14. 3단계 투자동료와 따로 또 같이 109
CHAPTER 15. 4단계 투자기준 확립 125
CHAPTER 16. 5단계 손품보고서 작성방법 141
CHAPTER 17. 6단계 전화임장 149
CHAPTER 18. 7단계 분위기임장 153
CHAPTER 19. 8단계 매물임장 155
CHAPTER 20. 9단계 발품보고서 작성 방법 160

PART 4

투자자로 산다는 건

CHAPTER 21. 투자는 제2의 직업 167
CHAPTER 22. 당일 약속은 NO 170
CHAPTER 23. 한 번쯤은 이런 시기가 오나보다. 175
CHAPTER 24. 나의 가치는 최소 7억 178
CHAPTER 25. 주변 사람들과 만나는 방법의 변화 180
CHAPTER 26. 기존 관계를 유지하는 방법 183
CHAPTER 27. 다양한 사람들을 만나야 하는 이유 185

PART 5

시드머니를 똑똑하게 불리는 방법

CHAPTER 28. 변동비를 고정비화 시켜라 193

CHAPTER 29. 저축률을 올리는 월급관리 197

CHAPTER 30. 한 달에 최소 10만 원 식비 절약하는 방법 202

CHAPTER 31. 평균 결혼식 비용의 1/7로 결혼 준비하는 방법 206

CHAPTER 32. 뭘 무서워 그냥 하는거지 213

CHAPTER 33. 하루를 바쁘게 살아가는 우리 모두를 위하여 216

마무리. 나의 성공은 나만의 것이 아니다 219

나는 MZ 부동산 재테커이다

이 책을 선택한 당신이 바로 그다음 주인공이 될 수 있다.
준비가 되었는가?

Intro.

MZ세대가 회사에 바라는 점은 큰 것이 아니다.

MZ세대란? 1980년대 초~2000년대 초 출생한 밀레니얼 세대와 1990년대 중반~2000년대 초반 출생한 Z세대를 통칭하는 말이다. 나 역시 MZ세대이다. 회사에서 상사에게 들었던 이야기. "너는 MZ세대의 표본인 것 같다." 참고로 못마땅해하는 표정은 덤으로 상상하면 된다.

MZ세대와 기성세대가 바라는 "회사"의 가치는 참 다르다. MZ세대가 회사에 바라는 점은 큰 것이 아니다. "공정과 상식"이 통하면 된다. 그뿐이다. 더는 바라지 않는다. 왜냐고? 나를 비롯한 MZ세대는 기성세대처럼 회사가 본인의 인생을 끝까지 책임져줄 것이라 생각하지 않는다. 반면에 기성세대가 회사를 바라보는 관점은 승진과 노후를 지켜주는 든든한 버팀목과 같다. 이런 회사에 대한 가치관의 차이로 서로를 이해하지 못할 때가 많다. 서울 자가에 대기업 다니는 김부장 이야기 시리즈가 단숨에 베스트셀러가 된 것도 이러한 현상을 대변해준다.

곰곰이 생각해보았다. MZ세대는 과연 회사에 충성심이 사라진 것일까? 자신밖에 모르는 이기주의 성향이 강한 것일까? 이 물음에 대한 나의 대답은 "NO"이다. 회사에 충성심이 사라진 것도, 이기주의 성향이 강한 것 또한 아니다. 그저 불공정함과 비상식적인 것에 목소리를 내는 것뿐이다.

기성세대를 한 단어로 표현하면 "한방주의"이다. 안정적인 직장에 들어오면 끝. 자기계발과 평가는 회사 안에서 승진을 위한 경우가 많다. 반면 MZ세대를 한 단어로 표현하면 "일상이 평가"이다. 대학교를 들어오기 위해서는 내신, 수능, 논술, 스펙 쌓기 등등 여러 가지를 챙겨야 하며, 취업을 위해서는 자격증, NCS, 논술, 전공 공부 등등 또다시 여러 가지를 해야 하는 상황에 놓인다. 일상이 평가인 세상에 길들여져 능력에 대한 보상을 받으며 살아온 MZ세대에게 불공정과 비상식적인 대우와 회사문화는 받아들이기 쉽지 않다.

더 자세히 들여다보자. 먼저 회식 편이다. 기성세대는 함께하는 문화를 강조하면서 당일 회식, 밤늦게까지 이어지는 회식을 선호한다. 술 한잔 기울이는 건 당연한 일이다. 무엇보다 상사의 회식 권유에 까마득한 후배가 거절하는 건 상상도 못 할 일이라고 생각한다. 하지만 MZ세대는 표현하는 세대이다. 당일에 선약이 있으면 거절도 하며, 술 먹고 꼰대 말을 듣는 것도 고역이다. 더불어 평소에 업무시간에는 모른 척하다가 친목을 이유로 회식을 잡는 것도 이해가 되지 않는다. 차라리 업무시간에 친한 척해줬으면 좋겠다. 힘들지? 이건 내가 할게.

하지만 현실은? 상상에 맡기겠다.

사실 나만 해도 배울 점이 많은 상사와의 식사는 즐겁다. 그런 상사와의 이야기 주제는 삶의 지혜, 재테크 등이라 흥미롭다. 이런 상사분의 경우, 내가 먼저 연락드린다. 하지만 내가 회식 때 겪은 대부분의 상사의 모습은 노후 걱정, 의전 강요, 회사 불만, 술 강요, 성차별 발언 등이다. 참여하라는 회식을 다 참여하면 그분들의 모습이 나의 미래의 모습일 것만 같아 아찔하다. 더더욱 나만의 시간을 확보하기 위해 거리를 둔다.

두 번째, 업무 편이다. 일 잘하는 MZ세대에게 "임원까지 가겠군"이라고 말하면 좋아할까? 나조차도 얼굴이 찌푸려진다. 회사에서 정년까지 다닐 생각이 없기 때문이다. 충성심이 없어서가 아니다. MZ세대가 회사에 바라는 것은 정체성을 느낄 수 있는 업무에 대한 기회 제공이다. 즉 정년까지 다닐 생각이 없지만, 이 회사에 있는 기간이라도 열심히 일해서 최고가 되어 떠나는 게 본인한테도 이익이 된다는 것을 납득시키면 된다.

어느 날, 우리 부서와 타 기관이 협업으로 진행하는 프로젝트 소식을 접했다. 추후 내 아이템으로 사업할 때, 기관과의 협업 프로세스를 알면 도움이 되겠다는 판단이 들어 열심히 참여할 생각이었다. 하지만 프로젝트 시작 전, 고과에 중요한 기여자 선정을 위한 회의 결과, 승진을 준비하는 회사 선배에게 기여도를 미리 설정하는 것으로 자연스럽게 분위기가 흘러갔다. 실제로 기여한 사람에게 성과를 돌리는 것이 아니라, 관행적으로 처리하는 방식에 또다시 불공정과 비상식이 발동했다. 그 회의 이후 나는 소극적으로 포지션을 바꾸었다. 호구가 되고 싶지 않았다.

불공정과 비상식이 가득한 회사문화에서 질렸다. 라떼는 말이야~ 라며 개인주의와 이기주의를 혼동하면서 잣대를 들이미는 상황에 눈치 보는 것을 관뒀다. 대신 이 상황을 동기부여 삼아 내가 이루고자 하는 목표를 향해 나아갈 뿐이다. 불공정과 비상식에 당당히 NO를 외칠 준비가 된 사람들에게 도움이 되길 바라는 마음으로 글을 쓴다.

PART 1

누구에게나 찾아오는
삶의 전환점을 만나다

CHAPTER 1

취업 후 달콤한 시간

"000 님 최종 합격을 축하드립니다." 내 나이 27살. 멀고도 먼 길을 지나 그렇게 바라던 "취업"을 했다. 대학교를 한 번에 가지 못해 재수생 생활을 거쳤고, 휴학 후 2년 동안 준비했던 공인회계사 시험은 붙지 못한 채, 대학교 졸업으로 세상 밖으로 나온 나는 어느새 26살이 되어있었다. "열심히는 하지만 결과가 아쉬운 아이" 남들이 나를 보는 시선은 늘 이랬다.

이런 내가 드디어 취업이라니. 그것도 누구나 가고 싶은 공공기관 취직이라니. "최종 합격"이라는 합격 소식이 담긴 컴퓨터 화면을 보는 순간, 온몸이 덜덜 떨리면서 믿기지 않았다. 그도 그럴 것이 몇 개월 전에 은행 최종면접에서 고배를 마셨기 때문이다. 취업 또한 한 번에 하지 못했다. 그래서 더더욱 간절했던 합격이었다. '이제 나도 어엿한 직장인이다! 이제 됐어!!' 수능이 끝나고 대학교에 합격하면 모든 길이 아름다운 꽃길이라 생각했던 고3들처럼, 취업 준비 기간을 지나 회사에 합격하면 모든 길이 아름다운 꽃길처럼 펼쳐질 것이라고 생각했다. 머지않아 나에게 어떤 일이 펼쳐질지 모른 채 말이다. 취업 후 내 일상은 말 그대로 "노세 노세 젊어서 노세" 노래 가사처럼 친구들과의 약속으로 가득 차 있었다. "강릉 놀러 가자" "콜!" "인스타 핫플이래. 가자" "콜!!" 무언가에 몰두하면 두문불출하는 타입이라 오랫동안 연락이 끊겼던 나를 친구들은 반갑게 맞이해주었다.

그렇게 하루하루를 노는 것으로 꽉 채워 보내고 있었다. 공인회계사 시험을 다시 볼까 망설이기도 했지만, 안정적인 월급을 받게 된 직장인의 삶은 생각한 것보다 너무 달콤했다. "월급 받고 일하다 보면 초반에는 이직 생각하다가 나중에는 그냥 버티게 돼. 나도 내가 안 그럴 줄 알았어"라고 웃으면서 말한 친구의 얼굴이 떠올랐다. 그때 나의 대답은 "아냐. 취업은 보험으로 해놓고 공인회계사 준비 다시 할 거야." 지금의 나의 대답은? "그러네. 첫 직장이 중요한 이유가 있네. 만족스러워서 그냥 여기 다닐 것 같아" '이래서 어른들이 첫 직장이 중요하다고 말씀해 주시는구나.' 지나고 나면 어른들 말은 시간이 흐를수록 공감이 된다. 나 또한 나이를 먹어가서 그런지도 모르겠다.

취업을 하기 전, 사원증을 목에 매고 점심을 먹으러 나온 직장인들을 보면서 '저 많고 많은 회사 중에서 내 자리 하나는 있겠지.'라는 생각이 들면서 부러웠다. 사원증을 받고, 내가 몸담을 부서로 배치가 되고, 회사 사이트에 괜히 내 이름이 있나 검색해보고. 부러움이 현실로 된 느낌, 생각한 것보다 더 좋았다. 이 행복이 계속될 줄 알았다. 하지만 이 행복은 누구보다 빠르게 사라졌다.

CHAPTER 2

고난은 곧 기회

수험생 생활로 그 흔한 인턴 생활도 해보지 못한 터라, 회사조직에서 상사를 대하는 건 내 인생에서 처음 겪는 일이었다. 자연스레 온몸이 긴장된 채로 첫 출근을 했다. “안녕하십니까. 신입사원 000입니다.” 인사를 하고 나를 위해 마련된 자리에 앉았다. 회사 규정, 공문 등 다른 회사 선배들이 기안해 놓은 문서들을 읽으면서 하루하루 적응해나가고 있었다. 그러다 신입사원 환영회라는 명목으로 회식이 잡혔다. 그 사이 나랑 친해진 회사 선배가 나를 따로 부르셨다. “윗분들이 좋은 분은 아니셔. 첫 단추를 잘못 끼웠다고 할까나. 회식은 2차는 가지 말고 웬만하면 1차만 참석해” “네...!” 이유는 선입견이 생길까 봐 회사 선배도, 나도, 암묵적으로 말을 아꼈다. 무서운 마음이 들어 그 회사 선배 옆에 붙어있으려고 했는데, 개인적인 사정으로 불참하셔서 걱정되는 마음을 가지고 홀로 회식에 참석했다.

회식 장소는 독립된 공간으로 우리만 이용할 수 있었다. 차례차례 고기가 구워졌고 상사는 담배를 그 안에서 피우셨다. ‘응...? 지금 시대가 어느 땐데 실내에서 담배를 피지? 이게 말이 되나...?’ 주위를 둘러보아도 어느 누구 하나 이 상황이 잘못되었다고 생각하는 사람이 없다는 듯 회식은 계속되고 있었다. 이어지는 술자리에서 시작된 상사의 술 강요. 크리스천인 나는 음주가 하나님의 나라에 덕이 된다고 생각하지 않기에 먹지 않겠다고 가치관을 고수한 터라 한 모금도 입에 대본 적이 없다. 이 부분이 가족, 친구들, 선후배들이 가장 우려하던 부분이었다. "사회생활 하면서 술은 필수야. 지금까지는 그 가치관 잘 지켜왔어도 직장 다니면서는 힘들 거야"

이 부분은 사전에 말씀드린 부분이라 괜찮을 줄 알았는데, 오산이었다. "신입사원을 위한 회식이고 주인공인데 먹어야지" "죄송합니다. 제가 술을 못 마십니다." 그러나 그 이후로도 소주와 맥주를 섞어서 한 번, 맥주 한 번, 소주와 음료수를 합쳐서 한 번 등등 다양한 방법으로 계속 술을 권유하셨다. 끈질긴 밀당에서 내가 술을 안 먹고 지나가는 걸로 마무리가 되었다. "2차~2차는 노래방!!" 안하무인이 된 상사는 부하직원들의 의견을 묻지 않은 채, 그 노래방이라는 장소도 알려주지 않은 채 차 있는 도로로 홀로 걸었다. 빵빵- 내 심정을 대변하는 듯 차 경적 소리는 갓난아이의 울음소리만큼 우렁찼다. 보다 못한 회사 동료들이 상사를 택시에 태워 보내는 것으로 마무리가 되었다. 그렇게 내 첫 회식은 상처와 안 좋은 기억으로 얼룩진 채 끝이 났다.

다음 날 아침, 나에게 조언을 해준 회사 선배를 찾아갔다. "무슨 말씀인지 알겠더라구요. 미리 조언해주셔서 감사합니다." "응 그래. 근데 그건 시작에 불과해. 업무적으로 더 힘들게 할 거야" "...? 네..." 이번에도 암묵적으로 서로에게 더 이상 묻지 않았다. 처음에는 일을 굉장히 잘 알고 계신 분이라 배울 점도 많아서 생각보다 괜찮다는 생각이 들었다. 그런데 그건 큰 오산이었다. "내가 이렇게 알려주는 거 고맙지? 세상에 공짜는 없어 알지?" 이 말을 수없이 반복하셨다. '상사가 신입 사원한테 밥을 사라는 건가?' 아부와 아첨을 할 용기가 나에게는 없다. 내가 할 수 있는 최대한의 예의는 그냥 웃어넘기기였다. 그 이상은 나에게도 무리였다.

계속되는 담배와 함께하는 티 타임과 저녁 식사. 더 이상은 못 참겠다고 느낀 나는, '그런 행동이 싫다.'라는 걸 간접적으로나마 표현하기 시작했다. 티 타임과 저녁 식사 때 담배를 피시면 기관지가 안 좋은 나로서는 고역이기에 일어나 잠시 밖으로 나갔다. 회식 다음 날에는 항상 내 자리로 와서 핀잔을 주셨다. "누구는 술 안 먹어서 속 편하고 좋~겠~네~~" 그리고 예전부터 심했지만, 더 심해진 업무 갑질. 회사 선배도 업무 갑질로 인한 스트레스로 목디스크가 와서 수개월을 병가 낸 적이 있다고 하셨다. 그 업무 갑질이 고분고분하지 않은 나에게도 온 것이다. 물론 고분고분해도 업무 갑질은 누구에게나 적용됐다. 갑질을 몇 가지만 나열해보면 아래와 같은 것들이 있다. "퇴근 5분 전 업무 주기" "마음에 안 드는 부분 안 알려주고 알아서 고치라고 한 뒤, 결재 안 하기" "퇴근 1시간 전 회식 통보하기" "출근 당일 집 앞으로 본인 픽업하라고 문자 보내기" 등등

여느 때와 같이 불편한 회식 자리에 참석하게 되었다. 보다 못한 과장님이 비주류, 주류 테이블을 나누셨고 나는 상사와 다른 비주류 테

이블에서 모처럼 만의 즐거운 회식 시간을 가지고 있었다. "너는 네가 술 안 먹는다고 술 따라주지도 않냐?!" 엄청 큰 소리로 나에게 날아온 묵직한 한 방. 굳이 비주류 테이블에 있는 나에게, 고래고래 소리를 지르시며 난리를 치는 통에 과장님이 그냥 한 잔 드리고 오라는 말을 거역할 수가 없었다. 따라드렸고, 역시나 좋은 소리를 못 듣고 자리에 왔다. 회식 중간에 과장님들이 나를 위로하며 "나도 회사생활 오래 했지만 저 사람처럼 힘든 사람은 처음 봤다. 신입 때 이런 사람을 만나다니 운도 없어..."라고 한 마디씩 해주셨다. '나는 왜 한 번에 안 될까. 좋은 상사를 한 번에 만난 동기들도 있는데, 나는 왜 매번 이럴까...?' 점점 나에 대한 증오가 커져 가고 있었다. 지금 생각하면 나에게는 아무런 잘못이 없었는데도 말이다.

종지부를 찍은 사건이 있었다. 그건 바로 만점을 받는 게 힘든 지표를 입사 한지 불과 4개월 차인 나에게 요구한 것이다. 처음부터 내가 담당한 게 아니고 중간에 인수인계를 받은 거라 이 지표 자체를 파악하는 데 애를 먹었고, 그때마다 너 잘 걸렸다고 온갖 짜증과 폭언을 내게 하셨다. 전체 회사 사람들이 참가하는 회의에서 "재 순 엉터리야 엉터리"라고 말하며 망신을 주었고 "기안 올린 거 틀렸어. 근데 안 알려줄 거야. 찾아"라고 하는 등 업무 갑질이 나날이 갈수록 심해졌다. 내가 버틸 수 있는 한계를 넘었다고 생각했고, 회사노조에 이 사실을 알렸다. 물론 노조도 회사안의 조직이다 보니 변할 수 있는 것은 거의 없다고 생각했지만, 지푸라기라도 잡는 심정으로 도움의 손길을 청했다.

그날도 회사에 모든 사람들의 관심이 상사와 나에게 향해있었다. "못하겠습니다. 퇴사하겠습니다." 내가 이 말을 상사에게 직접 건넬 줄은 몰랐다. 이 말을 하는 순간 내 안에서는 그동안 참아온 울분이 쏟아져 나오듯 눈물이 났다. 다른 상사가 휴가 쓰고 쉬고 올 것을 제안했고, 나는 그 제안을 받아드렸다. '이렇게 무너지는구나' 집에 가서 한숨 자고 일어나보니, 회사 동료들로부터 수많은 연락이 와있었다. "네가 잘못한 거 없다." "푹 쉬다 와" 등등. 내가 본인 때문에 휴가를 쓰고 마음을 다잡는 시간마저 상사는 나를 가만히 내버려 두지 않았다. 동료로부터 온 연락. "쉬는 데 미안한데, 이거 어떻게 할 거냐고 물어보라는데...? 미안해."

결국 휴가를 하루만 쓴 채, 회사에 출근했고 상사의 명패가 눈 안에 들어오는 순간 숨이 쉬어지지 않았다. 그 자리에 울면서 주저앉았고 다른 상사분들이 달래주며 같이 울어주셨다. 간신히 마음을 추스리고 내 자리를 가보니, 깨끗하게 자리가 청소되어 있었다. 알고 보니 과장님이 깨끗한 자리에서 새로운 마음으로 시작하라면서 청소해주셨다는 말을 들었다. 감사했다. 하나둘 내 자리로 회사 동료분들이 많이 찾아와주셨다. "책상 왜 이렇게 깨끗해요! 어디 갈 사람처럼! 어디 가면 안 돼요 잘하고 있어요. 알죠?" "휴가 쓰는 동안 본인도 찔렸는지 회사 돌아다니면서 자기방어를 하고 다녔지만 그 누구도 믿지 않았어요. 상사편인 사람은 없어요. 그러니까 힘내요." "다음 인사발령 때, 다른 곳 보낸다고 하더라. 몇 개월 안 남았으니까 힘들겠지만 버터보자" 수많은 위로와 격려가 참 도움이 많이 되었다.

그중 나에게 가장 위로가 되었던 분이 계신다. 위에서 언급했던 상사에 대해서 나에게 경고했던 회사 선배. 회사 선배도 아버지의 암 판정으로 휴가를 쓴다고 했다가 "무책임하게 휴가 쓰지 말고! 네 아버지 병세 궁금하지 않으니까 말하지 말고! 옆에 있다고 아버지 병세가 나아지기라도 해? 너밖에 간호할 사람이 없어?" 등 상사의 폭언으로 휴가에서 휴직으로 돌리신 상태였다. '진짜 너무 힘드시겠다...' 내가 힘들 때 위로를 많이 해주신 감사한 분이라 먼저 연락을 드리려고 했는데, 나에게 그런 일이 일어난 걸 아시고 휴직 중에 먼저 전화를 주셨다. "많이 힘들지? 다른 팀 사람들은 솔직히 몰라. 내가 딱 네 자리에 있다가 인수인계하고 간 거잖아. 그 자리가 상사의 관심사라 사람 미치게 해. 내가 이직을 3번이나 했고 회사생활도 거의 10년 차인데 이런 사람 처음 봤어. 힘내라는 말도 쉽게 건네지 못할 만큼 버거운 사람이야."

사실 그 시기 "힘내" "누구나 한 번쯤은 겪는 일이야"라는 말들이, 나에게는 위로로 들리지 않고 "왜 이렇게 유난이야 다들 그렇게 참고 살아가"라고 말해주는 것만 같아 듣기 힘들었다. 아마도 내 심리상태가 불안정한 상태여서 더 그랬던 것 같다. 그 사건 이후로 뒤에서 나를 욕하고 다닌다는 소리를 듣긴 했지만 직접적으로 나를 향한 폭언과 갑질은 사라졌다. '이제 좀 살 것 같네. 뒤에서 욕하든 말든 상관없어.'라는 생각과 동시에 다짐했다. '이 회사에서는 나보다 근무를 오래 한 상사의 편이 더 많겠구나. 소문이 나도 벌써 한참 전에 낫겠지. 이직을 해야겠다.'

CHAPTER 3

근로소득이 아닌 자본소득을 선택한 이유

퇴근 후 일과는 전화로 위로받으면서 울기 등 상사와의 부정적인 감정을 회사에서 끊어내지 못하고 집으로 데려왔다. 하루하루 날로 수척해지고 어두운 날들을 겪은 거울에 비친 내 모습을 보았다. 그렇게 원하던 취업을 하고 1년도 안 돼서 마주한 어둡고 초라한 나의 모습... '나는 왜 한 번에 행복함을 얻을 수 없는 걸까. 왜 남들보다 한 박자씩 늦게 돌아갈까.'

이런 나날들이 반복되다가 문득 이 모습을 변화시킬 수 있는 존재는 바로 나라는 것을 깨달았다. 관리가 안 된 집을 깨끗이 정돈하고 취업 전 준비했던 회계사와 세무사 중 고민하다가 하루빨리 이 회사를 탈출해야겠다는 생각으로 조금이라도 합격률이 높은 세무사를 준비하기로 마음먹었다. 더불어 마음의 응어리를 풀기 위해 마라톤도 시작했다. 매일 하루에 5km씩 뛰니 마음이 한결 가벼워졌다. 그렇게 강의와 교재는 '끝난 줄 알았지?'라고 비웃듯이 나에게로 다시 왔다. 이렇게나 빨리.

퇴근 후 눈물로 보내던 날들에서 벗어나 세무사 공부를 미친 듯이 하며 하루하루를 보냈다. 강의를 듣다가 쓰러져 자기 일쑤였고, 실제로 알람을 못 들어 출퇴근 버스를 놓쳐 부랴부랴 씻지도 못한 채 회사로 출근한 적도 있었다. 회사에서 일어나는 일들을 회사 동료들을 제외하고 가족들과 친구들에게는 굳이 말하지 않았다. 자연스레 알게 되는 사람들 말고는 나의 부정적인 감정을 전달하고 싶지 않았다. 원래 누구나 본인이 제일 힘들다고 생각하므로. 가족이 알게 된 시기는 수척해진 모습으로 변화하는 내 모습을 보여드리며 퇴사를 하겠다고 선언했을 때였고 친구들한테는 그 상사가 다른 곳으로 가고 한참 후에 말을 하였다.

그 사이 세무사 공부를 하는 도중 짬을 내서 만난 지인들과의 만남에서 들려오는 공통적인 이야기는 "회사생활에 대한 고충"이었다. '다른 곳을 가도 다를 바 없겠구나.' 집으로 돌아와 세무사 준비를 위한 교재들을 빤히 쳐다보았다. 그리고 스스로 물어보았다.

'세무사 공부를 하는 이유가 뭐야?'

'그야 상사와의 틀어진 관계로 이미 회사에서 소문 다 났을 거 아냐. 회사에서는 내 편보다 상사 편이 더 많고. 이길 수 없는 구조야 적어도 회사 내에서는'

'다른 곳으로 갔을 때 또 이런 상사를 만나지 않을 거라는 보장이 있어?'

'적어도 전문직이면 그런 일 있을 때마다 다른 곳으로 이직하기 편하겠지.'

'이직? 매번 이런 일이 있을 때마다 도피성 도구로 이용하려고 이 고생을 하는 거야?'

'... 그건 아니고 좀 더 회사에서 자유로워지고 싶은 거지.'

'이직을 반복하면 같은 업종일 텐데 그 업계에서 소문 안 좋게 나지 않을까?'

'그러면 사무실 차리면 되지.'

'전문직이 사무실을 차리는 순간, 영업직이야. 영업해야지. 영업에서는 을이 되는 데 갑과 을의 관계로 만난 사람들이 상사처럼 굴면 어떻게 할 거야? 또 포기하고 다른 직장 찾아갈 거야?' '......'

회계사를 공부한 이유는 기업의 재무 상태를 보고 컨설팅을 통해 도움을 주고 싶었기 때문이다. 그런데 지금 내가 세무사 공부를 하는 이유는? "더러운 꼴 안 보려고." 이유가 참 멋없다. 세무사를 공부하는 "WHY" 물음에 대한 답이 형편없으니 세무사 공부를 하다가 지치고 몸이 탈이 나는 경우가 하루하루 늘어만 갔다. '근로소득에는 한계가 있구나. 경제적 자유를 이루면 사람으로부터 얻는 스트레스는 확실히 줄겠다.'

서장훈님이 예능에서 한 이야기가 떠올랐다. "사람들이 돈이 많아서 부럽다고 해요. 먹고 싶은 거 먹고 사고 싶은 거 마음대로 살 수 있다고. 근데 저는 그것보다 돈 때문에 남들한테 아쉬운 소리 안 할 수 있다는 점이 좋아요" '내가 일하지 않아도 돈을 벌어주는 자본소득을 이용하면 되겠구나!' 그렇게 근로소득이 아닌 자본소득을 늘리기 위한 나의 여정이 시작되었다.

CHAPTER 4

막막한 자본소득 늘리기

근로소득이 아닌 자본소득을 늘리기로 결정은 했지만 무엇을 어떻게 해야 할지 도통 감이 잡히지 않았다. 회사가 맘에 들지 않거나 상사와의 갈등이 있는 주변 회사 동료, 친구들만 해도 재테크 공부가 아닌 이직 공부에 매진하고 있었다. 공인회계사 시험과 취업 준비를 할 때는 준비하는 방향과 과정이 너무나 분명했고 시험 일정과 수업 커리큘럼에 맞게 공부하면 됐었다. 그리고 함께하는 사람들도 많아, 정보공유도 어렵지 않았다.

하지만 나의 경우 근본적인 문제를 해결하기 위하여, 근로소득을 위한 이직 공부와 자본소득을 위한 투자 공부 중 고민 끝에 후자를 선택했다. 그러나 시작부터 막막했다. '자본소득을 늘리기로 결심했는데, 뭐부터 해야 하는 거야? 목표설정부터 너무 어렵네.' 그도 그럴 것이 이직 공부는 깊은 고민을 하지 않아도 현재 근무하는 곳보다 더 좋은 곳으로 이직에 성공하는 것이 목표이다. 반면 자본소득을 위한 투자 공부의 목표는? 두루뭉술하다. 이때까지만 해도 단순히 '경제적 자유를 이루고 싶다.'라는 막연한 목표만 있을 뿐이었다.

'목표를 정해야겠다.' 경제적 자유라는 추상적인 목표에서 벗어나 구체적인 목표를 설정하기 시작했다. '월급을 안 받고 생활할 수 있으려면 얼마나 필요하지?' '재테크 수단을 뭐로 하지?' 등등. 재테크를 처음 시작하려는 주변 지인들에게 가장 많이 듣는 이야기는 "수익이 나려면 어떻게 해?"가 아닌 "뭐부터 해야 해?"라는 것이었다.

지금까지 우리는 누구나 그랬듯 학교에서 학창 시절을 보내고 졸업과 동시에 취업 시절을 거쳐 직장인으로서의 인생을 살아왔다. 보통의 삶은 인생을 즐기면서 하루하루 직장을 다니는 것이다. 이와는 다르게 경제적 자유를 얻은 삶을 살기 위해서는 "목적이 분명한 결단"이 필요하다. "그냥 단순히 수익을 내기 위해서", "남들이 좋다고 하니까" "그냥 해보지, 뭐"라는 절실함 없는 결단은 지속하는 힘을 갖기 어렵다. 이런 마음가짐이면 차라리 회사 안에서 승진이라는 명확한 목표로 달려가는 편이 더 낫다.

나에게 근로소득이 아닌 자본소득 늘리기는 생존의 문제이기에 절실했다. 나의 인생 책 '낯선 곳에서 아침'에서는 말한다. "만일 우리가 변화를 생존의 문제로 인식하고 받아들이게 된다면 승산이 있다. 그러나 그렇지 못하다면 시작하지 마라. 그대는 결코 승리하지 못한다."

CHAPTER 5

나에게 맞는 재테크 방법은?

"뭐부터 해야 하지?"

근로소득이 아닌 자본소득 늘리기로 삶의 방향을 잡았다면 이제는 나에게 맞는 재테크 방법을 찾아야 한다. 주변에 경제적 자유를 이루신 분이 단 한 분도 없었기에 그 방법을 알려줄 유일한 수단은 책뿐이었다.

"책" 다행히 어렸을 때부터 책을 좋아해서 거부감없이 서점으로 달려갔다. 급하게 수험교재를 샀을 때를 제외하고 온라인이 아닌 직접 오프라인 서점에 온 것은 오랜만이었다. 익숙했던 수험교재 코너를 지나, 젊은 사람들이 많은 에세이 코너를 지나 도착한 곳은 낯선 재테크 관련 코너. 처음에 제일 눈에 띈 건 통장관리, 지출관리 등 전반적인 월급관리에 대한 책이었다. 앱테크 등 오프라인 수업도 들으면서 소비통제뿐만 아니라 추가로 지출을 방어할 수 있는 방법도 배웠다.

이렇게 소비에 대한 전반적인 점검을 하고 본격적으로 나에게 맞는 재테크 방법을 찾고 싶었다. 역시 소액으로 만만하게 접근할 수 있는 "주식"이 눈에 띄었다. 주식은 사회초년생들이 접근하기에 상대적으로 부담이 적다. 그렇게 주식 책들을 빠르게 섭렵한 결과, 개별주식을 매수하기에는 기초지식 등 부족한 점이 많아 이 상태에서는 시행착오를 통해 공부가 될 것 같지 않았다. 배움이 있다면 돈을 잃어도 좋다는 생각이었지만 그런 확신이 들지 않았다. 그렇게 타협을 본 투자방식은 "장기적으로 봤을 때 우상향인 ETF을 연금저축펀드 적금식으로 매수하기". 수익률이 약 10%로 나쁘진 않았지만 워낙 소액을 집어넣기도 했고 매우 안정적인 곳에 투자하니, 경제적 자유라는 목표를 이루기에는 너무나도 갈 길이 멀어 보였다.

그리고 무엇보다 주식 장은 근무 시간에 열리기에 근무 시간 틈틈이 매수와 매도를 해야 했다. 물론 예약을 걸어놓을 수도 있지만 주식 장의 분위기가 어떤지 하루에도 몇십 번 핸드폰을 들여다보는 나의 모습을 발견할 수 있었다. '이건 좀 아닌 것 같은데...'

근무 시간에는 특별한 일이 아니면 회사에 집중하고 퇴근 후에는 온전히 투자자로서의 시간을 보내길 원한다. 근무 시간에 업무에 집중하지 못하고 주식 차트를 쉴 새 없이 바라보는 나의 모습은 내가 원하는 모습이 아니었다.

개별주식 공부의 한계와 주식투자방식에 있어서 나와는 맞지 않음을 느끼고 과감히 주식투자를 접었다. 그리고 다소 낯선 부동산 책을 닥치는 대로 읽어나갔다. 어떨 때는 하루에 2권도 척척 읽어나갔다. '이거다. 부동산은 장기적으로 봐야 한다는 점이 마음에 든다.' 부동산 투자 방법이 나에게 맞다는 것을 직감적으로 알 수 있었다. 부동산에도 경매, 분양권, 청약, 갭투자 등 정말 다양한 방법들이 있었기에 가리지 않고 읽어나갔다. 동시에 분명한 목표설정의 필요성을 더욱 느끼게 되었다.

CHAPTER 6

투자를 왜 하려고 하는가

명확한 목표설정의 필요성을 느꼈기에 시작된 고민. 조금이라도 명확하지 않으면 구체적으로 설정하자는 것이 목표였다. 재테크 공부로 마음을 먹은 후 줄곧 "막연함"이 가장 큰 걸림돌이었다. 원래 처음이 어려운 법이다. 또래와 다른 길을 선택한다는 것은 생각보다 그리 쉽지 않았다. 해보지 않음이 주는 막연한 두려움보다 선명한 두려움이 낫다는 판단이 들었다.

주위에 재테크를 하는 친구들에게 "재테크 왜 해? 최종적인 목표가 뭐야?"라고 물어보면 "부자 될 거야" 혹은 "퇴사할 거야"라는 대답이 압도적으로 많았다. 사실 따지고 보면 부자라는 의미도 사람마다 다르기 마련이다. 누군가는 지출보다 수입이 많을 때 부자라고 생각하고, 또 다른 누군가는 건물이 몇 채씩 있어야 부자라고 생각하기도 한다. 그리고 퇴사는 모든 직장인이면 가슴 깊이 품고 있는 소망 중 하나이다. 하지만 이런 대답에는 "지속성"을 갖추기 힘들다. 인간은 자고로 편한 걸 추구하고 누워있길 좋아하는 동물이니까.

나에게는 감사하게도 재테크 공부를 시작하게 된 동기가 "생존"이었다. 회사에 부속품으로, 다른 사람으로 언제든 대체될 수 있는 상태로 월급만을 바라보는 것이 아니라, 불합리함을 겪었을 때 멋있게 박차고 나올 수 있도록 월급이라는 현금흐름 이외에 다른 현금흐름을 만들고 싶은 갈망이 있었다.

그렇게 고민 끝에 정해진 나의 목표. "월 현금 흐름 1000만 원을 만들어 퇴사하는 동시에 내 집 마련 전문가라는 퍼스널브랜딩 완성시키기" 왜 하필 내 집 마련 전문가일까?

부동산 전문가는 유튜브만 보더라도 참 많다. 내가 구독하는 부동산 채널만 해도 10개가 넘는다. 책 핑크펭귄에서는 "경쟁력이 있으려면 수많은 펭귄 중 핑크펭귄처럼 다른 사람에게 없는 나만의 경쟁력을 찾아야 한다. 경쟁력을 꾸준히 지속하려면? 재밌어야 한다. 내가 하는 일이 재미가 없고 억지로 하다 보면 어느샌가 시들어 버린 나를 만날지도 모른다."라고 말한다. '내 집 마련 전문가'라는 구체적인 목표를 설정한 건 초등학교 친구와 있었던 에피소드 덕분이었다.

주말을 맞이해 친구가 지방에 사는 내 자취방에 놀러 오기로 되어 있었다. 기분 좋은 설렘으로 일정을 짜며 친구가 도착하길 기다리고 있었다. 갑자기 울린 핸드폰. "어머니가 뇌출혈로 갑자기 쓰러지셔서 응급실 가고있어." "...... ?" 믿기지 않았다. 놀란 마음을 추스르고 곧바로 친구에게 연락했고 어머니와 단둘이 살아가는 친구라 본인에게 닥친 모든 상황들을 감당하는 것이 버거워 보였다. 여행이 잡혀있어 자연스레 이 상황을 알게 해주심에 감사할 따름이었다. 이 친구는 평소 도움받기를 꺼려하기 때문에 분명 힘든 일을 자기 혼자 오롯이 견뎌내고 나중에 말하고도 남을 친구이기 때문이다.

다음 날 아침 6시, 출발시간이 가장 빠른 버스에 몸을 실었다. '제발 괜찮길.' 2시간이 꼬박 걸려 도착한 곳 저 멀리 친구가 보였다. '어떤 표정, 행동, 말을 해야 상처 주지 않고 위로를 해줄 수 있을까' 친구에게 다가가는 짧은 순간 정말 많은 생각들이 스쳐 지나갔다. 전 날밤 어머니께서 중환자실에 들어가셨다는 이야기를 들었던 터라 더욱 조심스러웠다. "어머니는 어떠셔..." 친구에게 말을 건네자마자 빵 터져버린 친구의 뜨거운 눈물. 우리는 서로를 부둥켜안으며 그렇게 말없이 서로에게 위로가 되어주었다. 평소 정말 강한 친구라 마음이 더 안좋았다. 그리고 함께 곁을 지킬 수 있음에 감사했다. 아무것도 못 먹은 친구를 데리고 식당에서 밥을 먹였다. 친구는 슬픔도 잠시 치료비 등 현실적인 문제를 걱정하였다. "치료비 등은 어머니가 보험을 들어놓으셨나 확인해 봐야겠다." 그리고 덧붙였다. "어머니가 새 아파트에 한 번 살아보는 게 소원이셨는데..." 친구는 어머니와 빌라 전세에 거주하고 있었다. 감정적인 위로에서 나아가 현실적인 도움을 주고 싶었다.

"내가 지금 청약수업 듣고있는데, 너 청약해보자" "청약? 그런 거 잘 몰라" "잘 몰라도 돼. 일단 청약통장 가입한 지 얼마나 됐어?" 친구의 경우 청약통장을 만든 지 2년이 채 되지 않았다. 즉 2순위였다. 수도권의 2순위라 쉽지 않았지만 청약홈에 들어가고 부동산 재테크 단톡방에 올라오는 청약 정보를 매일 살펴보았다.

드디어 기회가 왔다. 수도권인 양주 옥정신도시 대단지 아파트가 2

순위로 넘어온 것이었다. "청약 넣어보자." "지금 어머니가 중환자실에 계셔서 정신이 없지만 하라는 대로 해볼게. 나 뭐하면 돼?" "어려울 거 없어. 그냥 신청만 누르면 돼. 이거하고 저거하고 등등..." "응 해볼께!" 그렇게 친구는 중환자실에 누워있는 어머니의 꿈인 새 아파트를 염원하며 난생처음 청약을 넣었다. 어머니가 회복되시면 선물로 드리면 정말 좋겠다는 친구의 말에 덩달아 뭉클해졌다.

그렇게 2순위 발표날 친구에게 연락이 왔다. "나 예비 80번대래. 안 되겠다... 역시 어렵네" 하지만 나는 예비 80번대가 얼마나 가능성이 높은지 알고 있었다. 평택 아파트 예비 130번대였지만 휴가를 쓰고 모델하우스에 참석한 날, 100번대가 마지막으로 문 닫고 계약한 장면을 똑똑히 보았기 때문이다. "아냐 가능성 있어 충분해 기다려 보자" 그렇게 하루가 일 년 같은 시간이 지나고 있었고 그사이 다행히 어머니도 중환자실에서 일반병동으로 옮기셨다. 매일매일 친구와 연락하며 어머니의 병세를 물어보며 우리는 더욱 끈끈해지고 있었다.

드디어 예비번호 동호수 발표날. 평소와 다름없이 회사에서 근무 중이었다. "나 23층 됐어!! 완전 좋은 층 된 것 같은데, 이거 꿈이야? 네가 한번 봐주라. 나 진짜 청약된 거 맞아?" 기쁜 마음으로 확인을 했고 결과는 로얄동 로얄층 당첨! 결과를 확인한 순간 감사기도를 드렸다. '하나님 정말 감사합니다.' 어머니도 그 소식을 듣고 아주 기뻐하셨다고 전해 들었다. 어머니도 감사히 빠르게 회복되었고 퇴원하시는 바로 당일은 친구가 청약서류를 들고 모델하우스를 방문하는 날이기도 했다. 어머니와 함께 활짝 웃으며 모델하우스 배경으로 찍은 사진을 보내주었다. 울컥- 누군가에게 도움이 된다는 것이 얼마나 의미 있고 감사한 일인지 모른다.

부동산 투자에는 관심 없는 친구지만, 적어도 "내 집"은 투자의 관심유무와 상관없이 살면서 꼭 필요하다. 이 계기로 나의 방향성은 정해졌다. "내 집 마련 전문가"

PART 2

MZ세대에 부동산 투자가 필요한 이유

CHAPTER 7

부동산 투자에 대한 고정관념

블로그, 유튜브를 동시에 운영하고 있는 터라 생각지도 못한 메이저 방송사에서 촬영요청이 온 적이 있다. 개인적인 사정으로 촬영까지 이어지진 않았지만 "부동산"을 주제로 인터뷰를 하고 싶다는 협조 요청 메일을 받는 순간 기쁨도 잠시 이런 생각이 머릿속을 스쳐 지나갔다.

'부동산 투자를 바라보는 시선이 긍정적일까? 부정적일까?'

두려움 반, 설렘 반으로 방송작가님과 통화를 하게 되었다.

"안녕하세요 작가님. 메일로 연락주셨던 크로입니다."
"오 네 안녕하세요. 크로님. 이렇게 연락주셔서 감사합니다."
"부동산을 주제로 촬영하고 싶다고 하셨는 데, 혹시 부동산을 바라보는 시선이 투자 또는 투기 어느 쪽에 더 가까운가요?"
"아 저희는 객관적인 부동산 통계를 투자하실 때 어떻게 사용하시는지 궁금해서 연락드린 거예요. 부동산 투자에 대해 부정적이지 않습니다."
"아 네 알겠습니다."

방송작가님과의 통화를 통해 부동산을 바라보는 시선과 인터뷰 내용이 부동산 투자와 투기 중 어느 방향에 포커스가 맞춰져 있는지 여쭤본 적이 있다.

유독 부동산 투자에 대한 방송과 기사에 대한 댓글이 공격적인 경우가 많아, 방어적인 모습이 되는 나를 발견할 수 있었다. 이렇듯 유독 "부동산 투자"에 대해 부정적인 시선들이 많다.

"부동산 투자"를 하는 사람들을 생각하면 머릿속에 그려지는 모습들이 있다. 블링블링한 귀금속을 차고 멋진 자동차에, 근로소득만으로 절대 살 수 없는 자기 소유 아파트에 거주하는 어른 of 어른의 세계. 나도 그랬으니까. 우리는 어떤 고정관념을 가지고 있을까? 나의 경험에 비추어 정리해 보고자 한다.

첫 번째 고정관념. 부동산 투자는 돈이 많이 있어야 한다.

반은 맞고 반은 틀린 이야기이다. 좋은 물건 즉 누구나 선호하는 대장 아파트를 사기 위해서는 물론 많은 돈이 필요하다. 초기자본(이른바 시드머니)이 많이 필요하다. 매매가와 전세가의 갭 차이로 미리 투자 겸 실거주용으로 집을 매수하려고 해도 지방의 경우 1억 이상, 수도권의 경우 5억 이상이 필요한 경우가 부지기수다.

'역시 부동산 투자하기 위해서는 돈이 필요하구나. 나는 모아둔 돈이 없는데 부동산 투자는 진입장벽이 너무 크다. 역시 난 안되나봐.' 라고 생각하기 쉽다. 하지만 기회는 찾으면 언제나 우리에게 다가온다. 내가 정의하는 기회란 노력하는 자에게 주어지는 우선권이다.

부동산 책을 찾아보니 매매가<전세가로 오히려 계약 후에 돈이 생기는 플피투자의 경우와 매매가=전세가여서 돈이 한 푼도 들지 않는 무피투자도 있었다. 시드머니가 필요하다고만 생각한 부동산 투자였기에 신세계를 만난 느낌이었다. 물론 여기서 전제는 그런 물건에 대한 나의 확신 즉 기회인지 함정인지를 구분하는 안목이 중요하다. 내가 생각하기에 바로 부동산 투자를 시작할 수 있는 시드머니는 본인의 연봉 수준이다. 초기에는 실력보다는 열정이 더 불타오르는 시기이기에 실수가 있을 수 있다. 이런 실수에 대한 투자금 손실을 배움의 값이라고 털어버릴 수 있으려면 복구할 수 있는 재정 능력이 필요하다. "무리하지 않는다." 이게 부동산 투자의 원칙이자 철칙이다. 본인의 연봉 수준만큼의 시드머니가 모였다면 부동산 실력은 곧 경험이기에 도전해 보길 권한다.

부동산에 관심이 이제 막 생긴 지인들이 꼭 하는 질문이 있다.

"부동산은 돈 많아야 하는 것 아니야? 나 돈 없어."

주변 지인들이 MZ세대라 기성세대에 비해 상대적으로 시드머니가 부족한 건 어떻게 보면 당연한 현상이다. 시드머니 없이 부동산 공부하는 것이 재미있을 리 없다. 돈 없이 아이쇼핑만 열심히 하는 느낌이라고 할까? 아이쇼핑은 대리만족이라도 있지만, 부동산 투자는 관심단지의 가격이 급상승할 때 돈이 없는 본인의 상황에 좌절감마저 생긴다.

실제로 부동산 투자공부를 열심히 하는데 시드머니가 부족해서 스트레스를 받았지만 멋지게 극복해 낸 동생의 사례를 소개하고자 한다.

"언니 부동산 투자 공부를 하면 할수록 갖고 싶은 건 많은 데, 매수할 돈이 부족해서 너무 답답하고 화나."

"맞아 나도 완전 공감이야 특히 이런 조정기에는 현금 부자들에게 엄청나게 큰 기회인데 우린 잡지 못하네."

"그래서 현금흐름에 대해서 고민 중이야."

"나도 고민 중인데! 부동산 투자하는 사람들은 월세용 투자 아니면 현금흐름이 항상 고민이더라."

"맞아. 우리 같이 고민해 보자!"

그렇게 현금흐름에 대한 고민을 같이 나눈 후, 나는 블로그, 유튜브 등을 통한 퍼스널 브랜딩을 높이는 것에 초점을 맞추었고, 동생은 에어비앤비에 집중하기로 했다.

"언니!! 나 에어비앤비 매물 계약했어!"

"와우 너무 잘됐다. 진짜 실행했구나 너무 멋지다."

"응!!! 열심히 해볼게!"

그렇게 동생은 에어비앤비 매물 계약 후 오픈했다. 상상에서 현실로 이뤄낸 것이다. 평소 부동산 공부로 입지공부, 부동산 방문이 익숙해진 터라 수요층 대비 공급이 적은 입지에 계약하였다.

자신이 목표로 하는 부동산 투자에 대한 시드머니가 작다고 생각하는가? 그래서 답답한가?

그럼 월급 이외에 시드머니를 불릴 수 있는 방법을 찾아보자. 안된다고 생각하면 안되지만 된다고 생각하면 정말 된다.

두 번째 고정관념, 부동산 투자는 투기이다.

결론부터 말하면 투자일 수도 있고 투기일 수도 있다. 투자의 사전적 의미는 이익을 얻기 위하여 어떤 일이나 사업에 자본을 대거나 시간이나 정성을 쏟음이라고 되어있다. 반면 투기의 사전적 의미는 기회를 틈타 큰 이익을 보려고 함이라고 되어있다. 내가 바라본 투자와 투기의 차이는 "자기확신여부"에 있다.

예를 들어보자.

“내가 지금 돈이 1억 정도 있는데, 수도권에 집값이 상승하니까 사야겠다. 사면 언젠가는 오르겠지?”, “나 목돈 있는데 물건 좀 추천해줘”의 경우 투자일까 투기일까? 이런 경우 자기 확신이 없다. 그냥 여윳돈이 있고 턱없이 부족한 예·적금 금리만을 바라보고 은행에 넣기에는 아쉬울 때, 일명 카더라통신에 의해 소중한 목돈을 투자라고 생각하며 올인한다. 이건 투기이다. 반면 “내가 지금 돈이 1억 정도 있는데, 수도권은 항상 수요가 있으니 다른 지역보다 안전한 곳이지. 하지만 지금 1억으로 이 시기에 수도권에 진입하는 게 과연 수익률 극대화를 가져올 수 있을까? 다른 지역과의 비교분석을 통해 공부부터 해보자” 이 경우는 투자이다.

투자를 하게 되면 시세가 상승, 하락, 보합의 방향으로 나타난다. 상승의 경우? 투기와 투자의 차이를 중점적으로 살펴보자. 내가 돈을 넣은 아파트의 시세가 올랐다. 아직 실현화된 금액은 아니지만 기분은 좋다. 개인적으로 투기일 경우 세 가지 방향 중 가장 위험하다고 생각한다. ‘아 역시 부동산은 옳아. 나 좀 실력 있는 것 같은데? 더 영끌해볼까?’라며 우쭐해할지 모른다. 그리고 돈 벌기 쉬운데?라며 리스크에 대한 고려 없이 더 큰 돈을 사용한다. 하지만 공부가 안된 투기는 끝이 좋을 수 없다. 초심자의 행운이라는 말이 괜히 있는 것이 아니다. 반면 투자라면 상승을 예상했던 이유와 실현화된 이유를 비교분석하면서 다음 투자처 물색을 위해 경험을 바탕으로 한 지식으로 공부하고 또다시 투자로 이어지는 원동력으로 작용한다.

하락의 경우? 투기의 경우 '아 역시 부동산은 하는 게 아니었어. 그냥 근로소득으로 살아야지 내가 뭔 부귀영화를 누리겠다고'라고 생각하며 재테크 세상에서 떠난다. 부동산 강의에서 강사분이 한 이야기가 있다. "지금 여러분 옆에 있는 동기들이 하나둘 떠나는 모습을 보게 될 거에요. 투자 세계에서 끝까지 살아남으세요. 그러면 반드시 성공합니다." 투자의 경우 반성하면서 원인을 분석한다. '나는 상승할 거라 예상했는데, 왜 하락했을까? 이유가 뭘까? 나의 판단 근거에서 어느 부분이 잘못되었지? 다음에는 이런 실수를 하면 안 되겠다.'라고 손실을 배움의 값으로 경험을 통한 학습의 기회로 삼는다.

보합의 경우? 투기의 경우 '아 왜 안 오르는 거야, 괜히 샀네. 이러다가 떨어지는 거 아니야? 빨리 팔아버리자.'라며 섣불리 매도하기 십상이다. 보합이니까 손해가 안 난다고 생각할 수 있지만 큰 오산이다. 부동산 거래를 하면서 든 중개수수료, 취득세 등 부대비용까지 생각하면 오히려 마이너스일 수 있다. 투자의 경우 '지금 이 시기에 보합인 이유는 주변 아파트의 일시적인 공급물량 때문이야. 내년에 입주 장을 지나면 가격의 흐름이 상승세를 탈 수밖에 없어. 왜냐면 공급이 그 이후로는 없기 때문이지' 이렇게 조급해하지 않고 버틸 수 있는 확신을 가지게 된다.

부동산 투자로 시세차익을 얻었다는 기사가 올라올 때면 대부분의 댓글은 '이 투기꾼' '집값 올리는 주범' '불로소득 얻으니까 좋냐?' 등등 안 좋은 이야기가 대다수이다. 하지만 부동산 투자는 결코 쉬운 일이 아니다. 특히 직장인 투자자의 경우, 퇴근 후 쉬고 싶은 유혹을 이겨내고 부동산 강의를 듣고 복습하는 시간을 확보하기란 쉬운 일이 아니다. 다른 사람들이 주말을 맞이해 놀러 갈 때, 직장인 투자자의 경우 임장을 할 수 있는 유일한 시간이기에 쉬지 않고 현장을 간다. 이런 생활의 반복으로 얻은 수익을 과연 불로소득이라고 할 수 있을까?

세 번째 고정관념, 부동산 투자는 너무 복잡하고 어려우며 필수적이지 않다.

부동산 투자의 경우, 복잡하고 어렵다는 생각이 들 수도 있다. 처음이니까 어려운 거다. 물론 부동산 투자가 쉽다고는 말할 수 없다. 그렇기에 공부를 해야 한다. 공부는 하기 싫고 돈은 벌고 싶다는 생각이 들었다면 투자를 하고 싶은 것이 아니라 투기를 하고 싶은 것이다. 투기꾼이 아닌, 투자자가 되길 원한다면 복잡하다는 등의 핑계에서 벗어나 공부를 하면 된다. 어렸을 때 덧셈과 뺄셈이 얼마나 어렵게 느껴졌는가? 하지만 어른이 된 지금은 어렵지 않다. 그건 반복된 연습을 통한 학습의 결과이다. 부동산 투자공부는 어떻게 해야 하는지에 대한 궁금증이 생겼다면 가능성이 있다. 부동산 공부 방법은 PART 3. 실제로 실천했던 방법들에 자세히 서술되어 있다.

더불어 부동산공부는 투자가 아니더라도 자본주의를 살아가는 현대인이라면 필수이다. 왜 그럴까? 나의 사례를 통해 알아보고자 한다.

"크로야 너 경매 수업 듣는다고 했지?"

"응 나 경매 수업 듣고 있어! 왜?"

"우리 부모님이 전세로 들어간 빌라 집주인이 잠적해 버려서 전세 보증금을 회수하려면 경매로 넘겨야 할 것 같아..."

"뭐라고...?"

사실 경매를 잘 몰랐을 때는 경매가 힘없는 채무자의 유일한 재산인 집마저 강제로 빼앗아 이득을 챙기는 비겁한 투자방식이라고 생각했다. 책을 접하고 수업을 듣고 나니 그 고정관념은 아예 없어졌다. 이 책을 읽고 있는 독자분들 중에도 "경매"하면 드라마에서 보이는 빨간딱지를 생각하면서 "경매=비겁한 투자방식"이라고 생각하기 쉽다. 나조차도 그랬으니까

"경매 수업을 듣는 이유가 뭔지 돌아가면서 말해봅시다."

"경매는 비겁한 투자방식이라고 생각했는데, 아닌 것 같아서 배우러 왔습니다."

경매강의 오리엔테이션 때 교수님 질문에 실제로 내가 말한 대답이다. 수업내용이 대항력, 최우선변제, 확정일자 등 굉장히 복잡하고 까

다로운 법 관련 지식으로 수업만 듣고 끝난다면 휘발성이 너무 강할 것 같았다. 그래서 배운 내용은 "당일 블로그에 기록으로 남기면서 복습하기"라는 목표를 세웠다.

일주일에 한 번씩, 퇴근하고 부랴부랴 수업이 있는 대학교에 도착하면 오후 7시. 대충 편의점에서 저녁을 해결하고 수업을 2시간 들으면 시간은 어느덧 오후 9시가 되어있었다. 녹초가 된 몸을 이끌고 집에 도착하고 씻고 책상에 앉으면 오후 10시 30분이었다. 하지만 배운 내용을 블로그에 발행하기로 약속을 했기에 한 주도 거르지 않고 복습한 내용을 블로그에 기록했다.

"혹시 수업한 내용에 대해서 블로그에 매주 쓰는 사람 누구인지 손 들어보세요."

"......?"

갑자기 출석 체크를 하면서 불현듯 생각난다는 듯 교수님께서 나로 추정되는 사람을 찾으셨다.

'어떻게 아신거지...?'

같이 수업을 듣는 친구들은 내가 복습하면서 블로그 기록을 한다는 것을 알고 있었기에 일제히 나를 쳐다보았다. 하지만 나는 경매초급자이고 굳이 알리고 싶지 않아서 가만히 있었다.

그런데 교수님도 만만치 않으셨다. "매주 블로그로 발행하는 사람, 시간을 보니 이 반 수강생이 확실하니 빨리 손들어보세요."라고 하시며 계속 찾으셨다.

결국 나는 조용히 손을 들었고 교수님은 "자네는 과제를 하지 않아도 A+로 종강처리 해주겠네."라고 말씀해주시면서 수강생들에게 박수를 보내달라고 유도하셨다. 예상치 못한 상황에 굉장히 당황스러웠지만 내심 기분이 좋았다. 그 후 경매 수업을 더 열심히 듣고 공부하였다.

이렇게 경매공부를 하는 중에, 친구 부모님 사정을 듣게 된 것이다. 전세만기가 되어, 보증금을 돌려달라고 하자 집주인과 연락 두절이 되어버린 것이다. 집주인은 국세 등 연체된 세금을 감당해야 했기에 터무니없이 높은 전세가로 전세매물을 내놓았고, 그 결과 전세 계약이 성사되지 못한 것이었다.

경매에서 가장 중요한 대항력이 있는지 확인하였고 다행히 대항력 있는 세입자였다. 이 문제를 교수님께 상담받았고 지금 할 수 있는 최선은 경매로 넘겨서 낙찰자에게 전세보증금을 받는 것이라고 하셨다. 하지만 현재 부동산 상황이 그리 좋지 못해, 아마도 전세보증금을 웃도는 낙찰가에 입찰할 투자자가 없을 것이라며 그 물건을 낙찰받아야 할 상황이 올 수도 있다고 말씀하셨다. 조언받은 대로 전달드렸고 친구 부모님은 현재 경매를 넣기 위한 소송을 진행 중이다.

경매, 배울 때는 굉장히 어렵고 이걸 배워서 뭐 하나 싶었는데 이렇게나 빨리 경매를 적용할 줄은 몰랐다. 위와 같은 경험으로 부동산 공부는 복잡하고 어려울지라도 나와 내 가족을 위해서라도 반드시 해야 한다는 것을 깨달았다.

지금까지 부동산 투자에 대한 고정관념에 대해서 알아보았다. 고정관념은 어쩌면 좀 더 편안함을 추구하고자 하는 우리의 핑계로 작용하고 있었던 것은 아닐까? 타이탄의 도구들 책에서는 이렇게 말한다. "성공하려면 높은 리스크를 감수해야 한다고 생각한다. 맞는 말이다. 그런데 정작 큰 리스크를 감수하겠노라고 결정하고 대담하게 뛰어들면, 생각보다 큰 리스크는 별로 없다. 정작 리스크보다 더 많이 만나는 것은 인생을 바꿀 만한 잠재력, 즉 다양한 가능성이다." 부동산 투자, 겁먹지 말고 시도해보자. 본인의 가능성을 확인해보는 것만큼 가슴 설레는 일이 있을까?

CHAPTER 8

MZ세대가 부동산 투자에 유리한 이유

"부동산 투자는 나이가 어릴수록 필요하다." 나이가 어릴수록 필요하다고? 부동산 투자는 돈 많은 어른들의 영역 아닌가? NO. 나는 아니라고 이야기하고 싶다.

MZ세대들은 부동산 투자를 어떻게 바라보고 있을까?

<현재 가장 많이 활용하는 재테크> <미래 자산증식 위해 중요한 재테크>

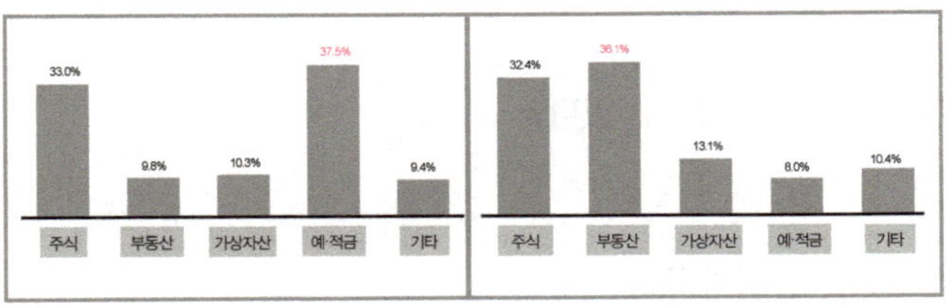

(n=700, 단위 : %) (n=700, 단위 : %)

위의 그림은 전국경제인연합회(이하 전경련)가 여론조사기관 모노리서치에 의뢰해 국내 MZ세대 700명을 대상으로 재테크에 대한 인식을 조사한 결과이다. MZ세대가 미래 자산증식을 위해 가장 중요한 재테크 수단으로 부동산(36.1%)으로 응답한 것에 비해, 현재 가장 많이 활용하고 있는 재테크 수단은 예·적금(37.5%), 주식(33.0%), 가상자산(10.3%), 부동산(9.8%) 순으로 활용 수단으로는 미미했다. 이는 MZ세대가 높은 부동산 가격과 시드머니의 부족으로 선불리 재테크수단으로 부동산을 선택하는 데 망설이고 있다는 것을 유추할 수 있었다. 더불어 부동산은 대출 등의 레버리지를 사용해야 한다는 막연한 부담감이 있기에 다른 재테크 수단보다 접근성이 낮아보였다.

깨비드림, 나인해빗, 경매 커뮤니티 등 부동산 스터디에 참여하는 동안 나와 같은 20대를 찾기 어려웠다.(보통 40대중반~50대) 전경련 조사에도 나와있듯 MZ세대의 경우 향후 자산증식을 위해 가장 중요한 재테크 수단이 부동산이라고 생각하지만, 초기비용이 많이 들어간다고 생각해 부동산을 재테크 수단으로 활용하는 비율은 극히 적었다. 하지만 부동산 투자는 나이가 어릴수록 유리하다. 그 이유는?

시간의 힘을 활용할 수 있다.

"크로님 몇 살이라고요?"

부동산 스터디에 참여해서 자기소개를 하게 되면 꼭 다시 받게 되는 질문이다.

회사에서는 어느 정도 경력이 쌓여 나름 후배들도 많이 생겼다. 하지만 부동산 스터디에서는 아직도 막내 포지션을 유지하고 있다. 그만큼 자본주의에 대해 빨리 눈을 뜨게 해준 회사에 감사할 뿐이다.

"나는 크로님 나이 때 뭐했지? 난 놀았던 것 같은데 (웃음)."

"크로님처럼 젊을 때 재테크 시작한 것 너무 잘했어요."

나는 오히려 어느 정도 시드머니가 있어서 투자금이 확보된 4~50

대분들이 상대적으로 기회가 많아 부러웠는데, 나의 "젊음"이 굉장한 무기라고 하셔서 다시 생각하게 되었다.

"내가 지금 크로님 나이였으면 1년에 1채씩 그냥 샀을 것 같아요."
"지금 친구들이 욜로처럼 놀아도 크로님은 지금처럼 유지해요. 나중에 크로님이 위너야" 등등

나의 젊음이 이렇게나 화두가 될 정도로 무기라니... 이 책을 읽는 독자분들이 나이가 어리다면 어릴수록 차별화된 강점이라고 생각하고 꼭 살렸으면 좋겠다.

부동산을 매수하기 어려운 이유 중 하나가 '사고 나서 떨어지면 어쩌지?'라는 가격에 대한 불안감이다. '무릎에 사서 어깨에 판다'라는 투자원칙은 투자를 하는 분들이라면 들어봤을 것이다. 하지만 막상 투자를 할 때는 "그 무릎"이라는 좋은 시기를 판단하기 어렵다. 전문가라고 하는 분들도 다 의견이 다르기 때문이다. 한쪽에서는 집값 상승을 외치지만 다른 한쪽에서는 집값 하락을 외치는 분들도 있다.

이때 '젊음'은 다음과 같은 강점이 있다.

1. 부동산에서 '시간' 측면에서 경쟁력이 있다.

집값이 하락하는 걸 두려워하는 이유는 크게 1. 매도 시 손실 날 위험 2. 역전세 일 것이다. 1번은 매도하기 전까지 실현하지 않으면 일어나지 않는 손실이다. 부동산도 사계절처럼 하락장(겨울)이 지나면 상승장(여름)이 오기 마련이다. 이러한 하락장이 5년이 될지 10년이 될지 누구도 모른다. 하지만 부동산을 빨리 시작할수록 버틸 수 있는 힘이 커진다. 2번은 추가적인 투자금 확보 즉 시드머니가 필요하다. 은퇴를 앞둔 분들에게 예상치 못한 투자금 확보는 회사 대출, 월급 등으로 투자금을 확보할 수 있는 젊은 분들보다 상대적으로 불리하다.

2. 적극적인 투자전략을 사용할 수 있다.

"사연자가 지금 50대라 너무 공격적으로 하시면 위험해요." 매주 본가로 가는 버스 안에서 듣는 부동산 팟캐스트에서 나온 이야기이다.

특히 월급쟁이 부자들 "구해줘 월부"를 듣는 편인데, 고민있는 사람들의 사연이 소개되고 해결책을 알려주신다. 나도 나중에 성공한 부동산 투자자가 되어, 내 집 마련을 위한 재능기부를 하고 싶기에 잘 챙겨보는 편이다.

사연자의 대부분은 50대 여성이었다. 남편의 은퇴, 자녀 양육비 등의 문제로 삶의 변화를 주고 싶은 간절한 마음으로 사연을 보내주신다.

수많은 사연들을 들으면서 얻은 결론은 젊은 나이일수록 "투자와 실거주의 분리를 통한 공격적인 투자"를, 은퇴에 가까운 나이일수록 "실거주의 안정을 우선시하는 안정적인 투자"를 권한다는 것이었다.

은퇴를 앞둔 50대와 60대에게 공격적인 투자전략을 추천하기는 어렵다. 한 달이 지나면 통장으로 들어오는 리스크 없이 수령 하는 월급의 존재가 조만간 사라지기 때문이다. 나이가 들면 현금흐름이 원활하지 않을 확률이 크기에 갈아타기와 같은 정말 안정적인 실거주 위주의 투자를 하게 될 확률이 높다. 반면, 20대와 30대는 상대적으로 근로소득을 받을 수 있는 시기가 많이 남았다. 즉 시드머니에 대한 지속적인 공급이 이루어진다. 그러기에 전세 레버리지를 사용하여 나중에 들어갈 부동산을 사놓고 다른 곳에 월세로 실거주를 하다가 들어갈 수도 있고, 경매, 갭투자 등 다양한 투자를 적극적으로 할 수 있다.

"나의 젊음을 공격적으로 사용해보자!"

신혼집을 구할 때 월세, 전세, 자가 굉장히 다양한 선택지가 놓여졌다.

"신혼집은 최소한 아파트 전세로 해야지" 주변에서는 당연히 신혼집=아파트라는 생각이 강했다. 하지만 나의 젊음은 곧 기회라는 생각과 공격적인 투자가 가능한 타이밍이라는 학습효과가 머릿속에 각인되었기에 아파트에 소중한 시드머니를 깔고 앉고 싶지는 않았다.

"우리 신혼집, 생각해 봤는데 괜찮으면 원룸 월세로 하는 거 어때."

"완전 좋아!"

남편에게 의견을 내었고 투자마인드가 있는 남편은 고마워하면서 적극 찬성해주었다.

그렇게 신혼집 원룸 월세를 보증금 500만 원, 월세 38만 원에 얻어서 살고 있다. 이왕이면 청약이 가능한 지역이면 좋겠다는 생각이 들어서 인천으로 잡았고 감사하게 수도권 청약이 2곳이나 되어 선택해서 계약까지 완료했다.

만약 우리가 그때 아파트로 전세를 들어갔다면? 물론 거주의 편리성은 올라갈 수 있었겠지만 보증금으로 묶여 있어 청약당첨 시, 계약금으로 낼 돈이 없었을 것이다.

주변에서 신혼집을 원룸월세로 구할 예정이라고 말했더니 하나같이 다 반대하셔서 남편과 나는 가상의 신혼집을 만들었다.

“신혼집 어떻게 구했어?”

“신축 오피스텔 2개 방 월세로 들어갔어.”

이렇게 말했더니 다들 별 반응없이 넘어가서 이렇게 대응하고 있다. (웃음)

만약 아이들이 있는 4인가족만 하더라도 원룸월세로 생활하는 공격적인 투자방식은 선택하기 어려웠을 것이다. 철저하게 “젊음”이라는 나이를 기회로 삼을 수 있음에 감사할 따름이다.

자, 이제 나이가 어릴수록 부동산 투자가 유리한 이유에 대해서 설득이 되었는가?

CHAPTER 9

부동산 투자를 위한 마음 가짐

부동산 투자를 위한 마음가짐은 별도의 챕터를 만들 정도로 정말 중요하다. '그냥 하면 되는 거 아냐?'라는 안일한 생각은 절대 부동산 투자를 지속할 수 없다.

1. 외로워질 각오를 하라

부동산 투자를 말하는 데 갑자기 외로워질 준비를 하라니 뜬금없을 수도 있다. '부동산 투자공부를 하는 데 왜 외로워질 각오를 하라는 거지?'라는 의문이 드는 것은 당연하다. 전업투자자의 경우 하루 24시간을 온전히 통제할 수 있다. 하지만 직장인 투자자의 경우, 시간을 쪼개고 쪼개야 투자 공부를 할 수 있는 시간이 확보된다. 보통 일반인의 일상과 직장인 투자자의 일상을 비교해보면 더 와닿을 것이다.

보통의 직장인의 일상

출근하기 1시간 전에 일어나 세수를 하고 옷을 입고 부지런한 직장인이라면 아침도 먹는다. 출근을 한다. 정신없는 업무시간을 보내고 난 뒤, 하루 중 가장 신나는 퇴근시간이다. 저녁약속을 가진 후, TV, 유튜브 등을 시청하면서 고된 하루에 대한 보상을 한다. 잠들 시간이 되어 알람을 맞추고 잠자리에 든다. 그리고 다시 아침이 밝아온다.

직장인 투자자의 일상

시간확보를 위해 미라클모닝을 한 후, 재테크 관련 책을 읽는다. 출근 준비를 하고 출근을 하여 정신없는 업무시간을 보낸다. 퇴근을 하고 저녁을 먹고 책상 앞에 앉는다. 강의를 듣고 복습을 하고 스터디 과제를 한다. 공부할 거리가 많아 시간이 더 주어졌으면 좋겠다는 생각과 함께 내일의 미라클모닝을 위해 잠에 든다.

나의 일상

새벽 4시 30분에 미라클모닝을 한다. 하루를 감사기도로 시작한 후, 블로그 성격에 맞게 재테크 관련 글을 쓴다. 더불어 부동산 멘토분들의 블로그 글을 읽으면서 배운 점을 댓글로 정리한다. 책을 읽거나 부동산 팟캐스트를 들으며 출근을 한다. 정신없는 업무시간을 보낸다. 집으로 돌아와 실시간 줌 강의, 스터디모임 참여, 주말 임장을 위한 손품보고서 작성 등으로 투자공부를 한다. 시간의 부족함을 느끼며 내일의 미라클모닝을 위해 잠에 든다.

아직 나는 경제적자유를 이룬 상태가 아니기에 흔히 말하는 성공하는 사람들의 습관을 저항없는 나의 습관으로 만들기 위해 노력 중이고 어느 정도는 체화가 된 상태에 있다. 혹시 발견했는가? 직장인 투자자의 일상은 "타인"이 없다. 공부할 시간도 부족해 보이는 빡빡한 일상이기에 혼자만의 시간이 필수이다. 그래서 투자자는 외롭다. 그 외로움의 시간을 견디는 것은 생각보다 힘들다. 그러기에 앞에서도 계속 강조한 “지속할 수 있는 힘”이 중요하다.

2. 포기할 각오를 하라

이건 또 무슨 소리인가 싶을 것이다. 외로워질 각오도 모자라서 포기할 각오까지?! 직장인 투자자는 시간이 부족하다. 정말 부족하다. 하루 24시간 중 잠자는 시간을 빼고 회사에서 보내는 시간을 제외하면 온전히 투자 공부로 사용할 수 있는 시간은 많아야 3~4시간이다. 투자 이외에는 내어줄 시간이 없다.

1) 회사

꼭 참석해야 하는 단체 회식을 제외하고는 개별 회식에는 참여하지 않는다. 상사도 상사이기 전에 인간이기에 회식에 참석하지 않는 나보다는 참여하는 회사 동료들이 마음이 더 갈 것이다. 업무시간 등 상사와의 소통으로 회식에 참여하지 않는 것이 상사를 무시하는 것으로 오해받지 않게 노력할 뿐이다. 즉 회사에서 저녁 시간을 함께 보내는 살가운 후배라는 이미지와 빠른 승진을 포기했다.

2) 친구

친구들과의 저녁 약속이 잡힐 때, 웬만하면 참여하지 않고 참여하게 되면 공부 시간 1~2시간을 확보할 수 있도록 시간을 조절한다. 사람을 좋아하는 나라서 나 또한 끝까지 남아서 놀고 싶고 자주 모임에 참여하고 싶다. 하지만 나에겐 해야 할 일이 있다. 하고 싶은 일을 다 하면서 경제적 자유라는 목표를 이룰 수는 없다는 것을 수많은 책을 통해서 각인이 된 상태이다. 경제적 자유를 이루신 분들 모두 독하게 갈아 넣는 시기가 있었고, 투자 이외에는 과감히 포기를 하였다. 즉 동료들과 함께 시간을 보내는 친근한 동료 이미지를 포기했다.

3) 가족

평일에는 타지역에서 근무를 하기에 떨어져 있기에 전화로 부모님과 연락을 한다. 항상 패턴은 동일하다. "뭐해~ 밥은 먹었어? 공부해?"라고 전화를 하시는 부모님에게 "응~공부해"라고 답한다. 주말에는 임장을 하거나 스터디 참석으로 집에 거의 없다. 부모님이 바라보는 나는 이렇다. "바쁜 딸" 맞다. 현재의 나는 부모님에게 좋은 딸이 아니다. 그래도 주말에 한 끼 정도는 가족들과 함께하려고 노력한다. 즉 가족들과 함께 시간을 보내는 딸 이미지를 포기했다.

매정하게 보일 수 있지만, 나에겐 경제적 자유를 넘어선 시간 부자가 절실하다. 이런 나를 이해해 주고 존중해 주는 부모님, 친구들 그리고 사랑하는 남편에게 감사할 따름이다. 나를 믿어주는 사람들에게 결과로 보여주고 싶다. 그래서 난 달려야 한다. 잠시 소중한 것들을 포기한 채로 말이다.

3. 갈아넣을 각오를 하라

외로워질 각오, 포기할 각오, 그리고 갈아 넣을 각오까지?! 이쯤되면 '나 안할래'라고 생각하는 분들도 있을 수 있겠다.(웃음) 삶의 가치관과 방향은 정답이 없다. 모든 사람들의 인생이 비슷해 보이지만 안을 들여다보면 다 다른 것도 마찬가지 이유이다. 투자 공부는 쉽지 않다. 하지만 마음만 먹으면 어려운 것도 아니다. 힘겨운 고3 시절을 지난 것은 우리나라에서 대학교 졸업장은 취업할 때 아직까지는 상징성이 크기 때문이다. 힘겨운 취업 시절을 지난 것은 대기업, 공공기관 등 안정적인 소득을 얻을 수 있는 직장을 지향하는 사회적인 시선 및 좋은 곳에 취업하고 싶은 본인의 욕망이 있었기 때문이다. 우리 모두 그 힘든 고3, 취준생 시절을 지나왔다. 이제 어엿한 직장인이 되었다. 거기서 끝이라면 멋없지 않는가? 자본주의 세상에서 살아남으려면 근로자에서 머무르면 안된다. 사실 자본주의 세상에서 투자 공부는 필수이다. 다만 자본주의에 대해 제대로 배운 적이 없었기에 그 중요함과 필요성을 못 느끼는 것일 뿐이다.

여러분은 생각보다 강하다. '투자 공부를 갈아 넣기까지 해야 돼?'라고 생각하는 사람에게 묻겠다. 만약 고3 수험생이 좋은 대학교를 가고 싶어 하는데 "공부만 해야 되나요? 하고 싶은 것이 너무 많은데, 병행하면 안 돼요?"라고 묻는다면 뭐라고 대답해 주겠는가? "설렁설렁해도 돼. 놀아"라고 하겠는가 아니면 "고3 수험생 시절을 평생

할 것도 아니고 놀고 싶어도 잠시 참고 공부하자!"라고 하겠는가? 보통의 대답은 후자일 것이다. 투자에 갈아 넣는 시간은 평생이 아니다. 반수, 재수, 삼수를 하느냐 아니면 한 번에 대학교에 붙느냐는 바로 나 자신에게 달려있다. 투자공부도 동일하다. 본인에게 달렸다. "경제적 자유를 얻고 싶어요" "퇴사하고 싶어요"라는 변화를 요구하는 외침에 그 힘든 시간을 단축 시키기 위해서는 온전히 갈아넣을 각오가 필수라고 답을 해줄 수밖에 없는 이유다.

CHAPTER 10

부동산 투자를 위한 환경 셋팅

생각을 한번 해보자. 당신은 9시부터 6시까지 주 5회 근무해야 하는 직장인이다. 이 말을 다른 말로 하면 전업투자자보다 부동산 투자 공부에 투여하는 절대적인 시간이 작다. 새벽시간과 저녁시간, 그리고 주말시간이 온전히 나만의 시간을 가질 수 있는 유일한 시간이다.

1. 새벽기상, 나만의 시간을 확보하는 건 어떨까?

경제적 자유를 이루고자 하는 목표를 갖게 된 이후 부자들의 마인드, 공통점 등에 대한 책을 셀 수 없이 많이 읽었다. 수많은 공통점 중 하나가 바로 "새벽기상"이었다. 새벽기상이라고 하면 아침 일찍 일어나는 것으로만 생각해서 난색을 표할지도 모르겠다. 하지만 부자들이 새벽기상을 왜 하는지 생각해 보자. 새벽시간은 회사로부터의 업무연락, 친구들과의 연락으로부터 자유로운 시간이다. 즉 방해요소가 새벽에 일어나기 싫어하는 나 자신 외에는 철저히 사라진다. 기상시간이 새벽 4시, 5시라는 것이 중요한 게 아니다. 그저 출근시간 전에 부동산 투자공부를 하기 위한 시간을 확보하면 된다. 나의 경우 4시 30분에 일어나 글을 쓰고, 책을 읽는 편이다.

2. 퇴근 후, 나 공부하는 사람이야라고 공표하는 건 어떨까?

새벽기상을 시작하면 보통 사람들은 '잠을 줄여야겠군'이라고 생각하는 오류를 범한다. 하지만 새벽기상은 잠을 줄여야만 가능한 것이 아니다. 잠자리에 일찍 들면 수면시간을 동일하게 확보할 수 있다. 그러기 위해서는 새벽기상에 방해가 되지 않도록 가능한 저녁 약속을 잡지 않거나, 있더라도 내일을 위해 조절해야 한다. 늦게 자고 일찍 일어나는 건 지속하기 어렵다. 나의 경우 10시반이면 잠자리에 들고, 퇴근 후에는 강의와 투자공부를 한다. 저녁약속이 있다면 더 놀고 싶은 마음을 과감히 접고 중간에 자리를 먼저 나선다. 여기서 중요한 포인트는 "잡히지 말 것"이다.

팟캐스트에서 경제적자유를 이룬 분의 이야기가 인상 깊었던 적이 있다. 주변 친구들이 술을 좋아하는 편이라 시간을 더 함께 보내자고 실랑이가 매번 있었다고 한다. 하지만 특정 저녁시간부터는 운동해야 한다는 본인과의 약속을 단 한 번도 어기지 않고 지키기 위해 자리를 나섰고, 지금은 친구들이 오히려 "너 운동할 시간 되지 않았냐? 가봐~"라고 먼저 이야기해 준다고 한다. 나의 결심을 존중해 주지 않는 사람은, 과감히 정리해 보는 건 어떨까? 아마도 그 사람은 내가 아니라도 대체 가능한 자신과 놀아준 사람을 찾고 있었던 걸지도 모른다.

3. 주말시간, 임장데이트는 어떨까?

주말시간은 직접 현장에 갈 수 있는 시간이라 너무 소중하다. 다만 주말시간에도 부동산 투자공부를 하기 위해서는 가족, 연인 간의 협의가 필요하다. 정말 이 부분은 너무 강조하고 싶다. 주말에도 부동산 투자공부를 한다고 하는 가족, 연인을 반기는 사람은 거의 없다. 감사하게 나의 경우, 부동산 투자공부를 주말에도 하는 걸 이해해 주는 평생 함께할 사람을 만났다. 취미도 혼자 하니 문제가 되는 것이다. 부부가 같이 취미생활을 즐기면 제일 좋듯, 임장도 혼자하지 말고 함께 하면 된다.

매번 영화, 카페 등으로 뻔한 데이트 일정에 지겹지 않은가? 매번 새로운 지역을 같이 다니는 임장은 생각보다 재밌고 활동적이고 생산적이라 좋다. 한여름과 한겨울은 좀 힘들긴 하나, 우리 부부에게는 예외란 없었다. 장맛비에 옷이 흠뻑 젖은 채로 집에 돌아왔던 임장, 한여름 등에 땀이 다 젖어서 카페로 피신한 임장, 한겨울 너무 추워서 이마트에서 귀마개, 장갑을 산 뒤 다시 진행한 임장 등 우리 부부에게는 정말 추억이 많다. 이런 과정들을 함께하면 끈끈해질 수밖에 없다. 임장 후에는 그 지역에서 가장 맛있는 가성비 좋은 음식으로 보상을 해준다. 우리 부부는 단 한 번도 '오늘 데이트 뭐하지...?'라고 고민해 본 적이 없다.

<임장 데이트하는 방법>

"크로야 너는 10년 연애했는데 데이트 주로 뭐해? 난 2년 정도 만나니까 갈 만한 곳은 다가서 매번 고민이야."

10년 연애 후, 결혼 약 1년 차인 우린 부부는 단 한 번도 '이번에 뭐하지'라고 데이트에 대해서 고민한 적이 없다. 이런 우리 부부를 신기해하고 궁금해하는 지인들이 많아서 데이트의 비중을 많이 차지한 "임장 데이트"에 대해서 소개하려고 한다.

1. 지역 정하기

"우리 이번 주는 평택 임장 가보는 거 어때?"

"그 지역을 선정한 이유가 있어?"

"평택에 고덕신도시라는 곳이 있는데 거기는 평택 거주자가 아니라도 전국 청약이 가능하고 분양가도 저렴해서 기회가 많을 것 같아서 가보는 게 좋을 것 같아!"

"오 그래!! 평택 가보자!"

청약을 위해 분양이 예정되어 있는 지역으로 정해도 되지만, 초반에는 흥미를 붙이기 위해 가보고 싶었던 지역에 가는 것을 추천한다.

2. 동선 정하기

평택의 경우, 난생 처음 가는 곳이기에 동선 선정이 중요했다.

1) 부동산지인 활용하기

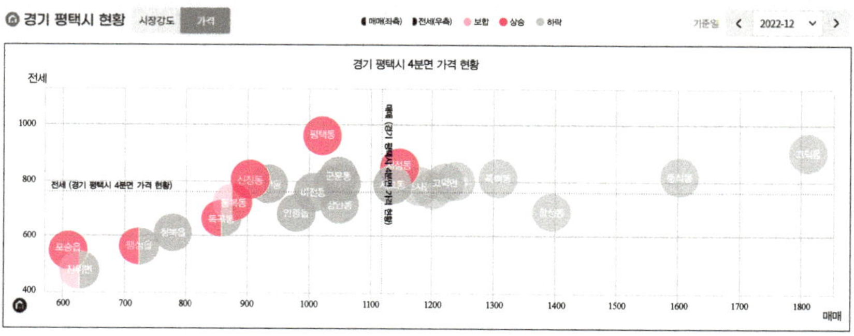

부동산지인-지역분석-지역선택-가격현황으로 분류해 보면, 평택시에서 가장 높은 가격 순위부터 정렬해 준다. 아예 처음 가보는 지역의 경우, 대장동을 먼저 가보는 것을 추천한다. 대장동이 곧 그 지역의 시세를 이끌기 때문이다.

2) 호갱노노 활용하기

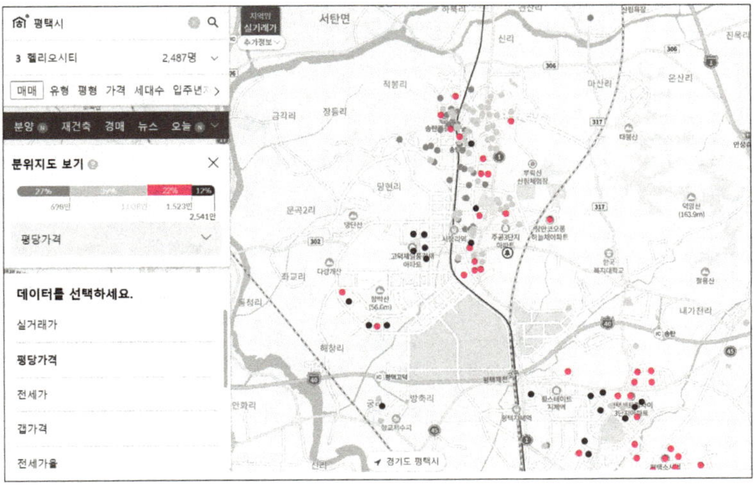

호갱노노-지역검색-분위지도를 보면 평당가격순으로 색이 다르다. 위의 부동산 지인을 통해 평택시는 고덕동이 가장 가격이 높게 형성되어 있다는 정보를 얻었다. 이어서 호갱노노 분위지도를 확인해 보면 고덕동에 유독 파란색(가장 높은 평당가격을 표시한 색)이 밀집되어 표시된 것을 어렵지 않게 확인할 수 있다.

3) 아실 활용하기

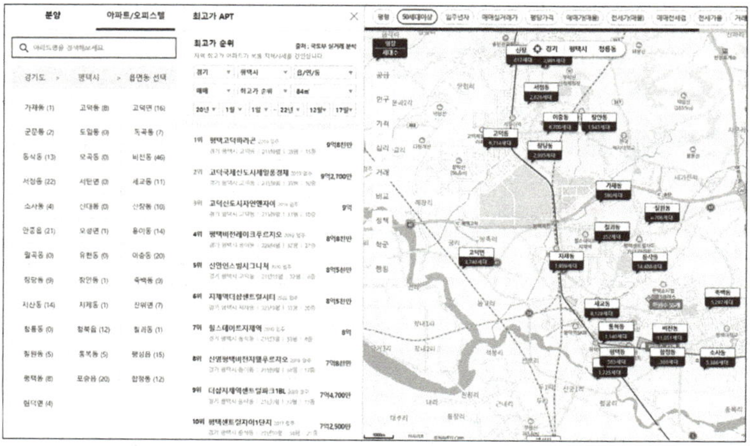

부동산지인과 호갱노노를 통해 선정지역에 대한 분위기를 파악했다면 이젠 아실을 이용하여 세부단지를 알아볼 차례다. “아실-최고가-면적: 국평기준(84타입)-년도 : 2년 전~현재” 설정하고 검색하면 평택시에서 가장 높은 시세를 이루고 있는 고덕동 안에서 대장아파트를 알 수 있다. 시간이 된다면 모든 단지를 돌아보는 걸 추천하지만, 시간 관계상 어쩔 수 없다면 단지 중 선택해서 임장하면 된다.

4) 맛집 및 가보고 싶은 곳 선정하기

부동산 스터디 임장과는 다르게 "데이트"임장이다. 임장도 하고 데이트도 하고 일석이조이다. 임장을 열심히 하고 사전에 찾아놓은 쪽갈비 맛집을 가면 그렇게 뿌듯하고 즐거울 수 없다.

추가로 평택에 배다리공원과 수변공원이 너무 궁금해서 데이트 장소로 선정하였다. 실제로 방문해 보니 산책하면서 거닐기 굉장히 좋은 곳이었다. 우리 둘 다 자연을 좋아해서 지역별 공원 도장깨기를 하고 있는 데, 배다리공원의 경우 TOP 3에 들 정도로 예쁜 공원이었다.

평택시 데이트를 예시로 임장 데이트에 대해서 설명했다. 임장데이트, 사랑하는 연인과 함께 미래를 꿈꾸며 함께하면 힘든 임장도 즐거운 과정이 될 것임을 확신한다.

CHAPTER 11

하루에 10권 이상 독서가 가능하다고?

<오픈북 시험처럼 읽어라>

"크로야 책 추천 좀 해주라."

평소 내가 책을 좋아하는 걸 알고 있는 지인들에게 책 추천을 부탁하는 연락이 많이 온다.

"음 어떤 책 읽고 싶은데?"

"자기계발이나 동기부여? 그냥 크로의 인생책이면 좋겠어!"

보통 자기계발 책을 많이들 찾는다.

"너도 알다시피 나는 재테크에 관심 많은데 관련 책 추천해 줘도 돼?"

"응응 나 내년부터 돈 진짜 열심히 모을 거야!"

"그럼 투자방법에 대한 책은 재미없을 수 있으니 마인드세팅 책부터 추천해 줄게."

"좋아좋아."

그렇게 책을 추천해주면 돌아오는 대답은 보통 이렇다.

"크로야 시리즈가 3권이나 되네? 다 읽어야 돼? 하나만 읽어도 되나?"

"아 그거 시리즈는 3권인데 다 안 읽어도 되고 일단 첫 번째 시리즈 읽고 와"

"오 알겠어!"

그렇게 시간이 흘러 다시 연락이 오는 경우가 많다.

"크로야, 1권만 읽으려고 했는데 생각보다 재밌더라고! 그래서 2권, 3권도 샀어."

"잘했네! 처음부터 3권 다 읽을 생각에 막막할 것 같아 1권만 먼저 보랬는데 다행히 너한테 잘 맞았나 보네."

마인드세팅 책에 감명받은 친구들의 경우는 또 다른 책 추천을 추가로 물어볼 때가 종종 있다.

"크로야 네가 추천해 준 책 진짜 좋더라. 나는 아직 초보인데 재테크 기초에 관한 책 추천해 줄 수 있어?"

"음 일단 네가 관심 있는 분야가 뭐야? 부동산, 주식, 코인 등 수단은 많잖아."

"나는 너처럼 부동산! 나도 내 집 갖고 싶어."

"상대적으로 시드머니가 적어도 시작할 수 있는 청약 책 보는 건 어때?"

"완전 좋지!!"

그 다음 날, 책 추천을 받은 친구가 당황해하면서 연락이 왔다.

"크로야 나 네가 책 추천해 준 거 지금 받았는데 생각보다 두껍고 청약에 대한 지식이 아무것도 없으니까 외계어 같아. 강의 추천해 줄 수 있어?"

"음 바로 강의를 듣는 것보다는 책으로 한 번 내용을 훑어보는 게 좋은데, 혹시 평소 청약에 대해 궁금한 거 없었어?"

"그건 당연히 있지!! 내 가점으로 넣을 수 있는 청약이 궁금했고 나 같은 저가점자가 청약 당첨되는 방법에 대해서 궁금했어! 그리고 청약 당첨되면 당장 필요한 가용자금이 얼마나 되는 지 궁금해."

"그럼 그 질문에 대한 답을 찾는다는 생각으로 책을 읽어보면 어떨까? 내가 추천해 준 책에는 네가 방금 물어본 질문에 대한 답이 다 녹아져 있거든! 순서대로 읽으면 흥미도가 떨어지니까 오픈북 시험 본다고 생각하고 접근해 보자!"

"오 완전 좋다. 사실 순서대로 읽으려고 하니까 계속 거부감이 들더라구."

"응 다 안 읽어도 돼! 공부를 하다보면 계속 궁금증이 생기고, 그 궁금증을 해결하는 과정에서 많이 공부가 되거든. 이렇게 어느 정도 기초지식이 쌓이면 네가 아까 말했던 청약 강의를 들으면 돼."

"아 그렇구나. 무작정 강의부터 듣는 것보다 네가 추천해 준 방법대로 해볼게!"

그렇게 친구는 처음에 두껍다고 했던 책을 완독함은 물론이고 심화된 궁금증을 풀기 위해 청약정규강의까지 듣게 되었으며 현재도 청약을 열심히 넣으며 계속 도전하고 있다.

나에게 독서는 습관이 되어서 저항감이 없다. 하지만 내 지인들만 보더라도 독서에 대한 저항감이 상당하다는 것을 알 수 있었다.

다음 챕터부터 본격적으로 부동산 투자공부를 어떻게 했는지 방법이 나온다. 시간을 내어 잠시 목차를 보고 오자. 첫 번째 방법이 "독서"다. 거부감이 확 드는 모습이 상상된다. MZ세대들은 책보다는 영상에 익숙한 세대이다. 내 주변만 보더라도 책은 거의 안 본다. 유튜브는 일상이다. 책에 손이 안 가는 이유는 뭘까? 바로 무조건 다 읽어야 한다는 강박관념이 있기 때문이다. 나의 경우 뒷 내용이 예상되거나 나와는 맞지 않은 것 같으면 과감히 책을 덮는다. 또한 목차를 보고 필요한 부분만 발췌해서 읽기도 한다. 예를 들어보자

부동산 투자공부를 시작하기로 마음먹었다고 가정하자. 일단 네이버에 "20대 부동산 책 추천", "부동산기초" 등을 검색할 것이다. 후기

를 보고 평점이 높은 책을 주문한다. 참고로 그냥 서점에 가서 재테크 관련 코너를 가서 끌리는 책을 골라도 좋다고 생각한다.

책을 선택했다면 목차를 먼저 본다. 이 저자가 말하고자 하는 바가 무엇인가를 파악하기 위함이다. 그리고 가장 끌리는 주제부터 먼저 읽어도 된다. 첫 페이지부터 읽어야 한다는 강박관념을 버려라. 생각보다 잘 안 읽힌다면 다른 주제 책을 읽어도 된다. 사람마다 관심 있는 분야가 다르다. 부동산이라고 해도 분양권, 청약, 갭투자, 경매, 재개발 재건축 등 너무 많다. 나의 경우 주식 책은 아무리 읽어도 재미를 느끼지 못했었다. 하지만 부동산 책은 너무 재밌었다. 그리고 처음에는 재개발 재건축 책은 너무 어려워서 정의, 공부해야하는 이유만 살펴보고 바로 덮은 기억도 있다. 하지만 지금은 투자공부를 하면서 재개발 재건축의 중요성을 느껴, 관련 책을 재밌게 읽고 있다.

<독서의 목적을 명확히 한 후 읽어라>

남편은 원래 책을 1년에 1권 읽을까 말까할 정도로 책과는 담을 쌓고 지냈었다. 책보다는 직관적으로 습득이 가능한 영상과 강의를 더 선호했다. 그런 남편의 현재 모습은? 대중교통을 이용할 때 나와 함께 책을 읽는다. 이게 어떻게 가능했냐고?

"남편~ 궁금한게 있어! 원래 책 읽는 거 싫어했잖아. 근데 갑자기 책을 많이 읽게 된 이유가 뭐야?"

"영상, 강의로는 알기 어려운 지식이 책에 농도 깊게 담겨있어서 읽게 되는 것 같아."

"그래도 책 읽는 게 습관이 안 되어있을 텐데 너무 신기하네."

"맞아 독서 자체를 별로 안 좋아하는 건 지금도 동일하지만, 책을 통해서 궁금했던 것을 해소하는 행위 자체를 즐기는 것 같아."

"아 그렇구나. 아무튼 보기 좋다."

아직도 지하철을 탈 때 책 읽는 나와는 다르게 잠을 청했던 남편의 지난 모습이 생각나서 너무 신기하다. 무엇보다 남편에게 "책 좀 읽어라"라고 말을 한 적이 단 한 번도 없었다. 온전히 본인이 책을 통해 얻어지는 즐거움을 찾은 후 독서를 습관으로 만든 남편이 자랑스러울 따름이다.

"독서 포인트 다 썼어? 중고책 팔아서 포인트 내가 써도 될까? 꼭 읽고 싶은 책이 있어서!"

반짝이는 눈으로 책에 푹 빠져있는 남편의 모습이 아직은 낯설기만 하다.

이렇듯 지속하기 위해서는 "즐거움"이 있어야 한다. 초심을 잃지 말라고 열정과 끈기를 강조하기에는 우리 MZ세대들의 삶은 일상이 평가이므로 너무 고달프다. "나 자신과의 싸움에서 이겨야지!!"라는 말은 더 이상 통하지 않는다.

실제로 코로나가 심해지기 전 퇴근 후에 헬스를 다녔는데, 그때는 가기 싫었지만 나와의 싸움이라는 생각으로 꾸준히 갔다. 그러다가 과장님이 "헬스 정말 열심히 하네!!"라는 말에 "제 자신과의 싸움 중이에요!"라고 말씀드렸더니 "세상에 싸울 존재가 얼마나 많은데, 네 자신과 싸우냐?"라는 말을 아직도 잊지 못한다. 그 이후로 건강한 나의 모습을 유지하는 게 너무 즐겁기 때문이라는 즐거움을 동기부여로 변화시켰다. 그 후로는 헬스가 정말 재밌어서 갔다. 지속하기 위해서는 즐거움이 있어야 한다. 투자공부는 누가 시켜서 하는 학업이 아니라 배움의 과정이기에 그렇다.

자, 책을 무조건 다 읽어야 한다는 생각은 버리고 시도해 보는 건 어떨까? 즐거움을 발견할지도 모른다!

PART 3

부린이 탈출을 위한
9단계 방법

CHAPTER 12

1단계 책을 대하는 바람직한 자세

'부동산 투자로 자수성가한 분들의 공통점은 책이었네. 나도 주변에 경제적 자유를 이룬 분이 없으니 책을 통해 간접적으로라도 찾아야겠다.'

투자 공부 초창기 시절, 주위에는 소위 경제적 자유를 이뤘다고 할만한 사람이 없었다. 답답한 마음에 재테크 키워드로 검색만 하곤 했는데 그때 난 그들의 한 가지 공통점을 발견했다. 바로 '독서'였다.

원래 독서를 하지 않았던 사람들은 마음먹고 독서를 실천하면 결과가 달라질 수 있다는 희망이라도 있다. 하지만 독서를 지금까지 해왔는데 변화가 없었던 나와 같은 사람들은 막막하기 그지없다.

'나는 이미 독서하고 있었는데, 지금 나의 모습은 경제적 자유를 이룬 사람들과 전혀 다른 모습인걸. 어떻게 해야 하지.'

평소 책을 끼고 살았던 나라서 남들보다 더 고민이 되었다. '내가 해봤는데 가능한 것 맞아?'

그도 그럴 것이 독서가 별다른 삶의 변화를 가져다준다고 느껴지진 않았다. 그래서 차이점을 찾기 시작했다.

'그래 성공한 사람들의 독서법과 나의 독서법의 차이를 찾자!'

그렇게 올바른 독서법에 대해 찾기 시작했다. 차이가 없이 현재의 독서법을 유지하면 결과가 달라지기 어렵다고 생각했다.

'어제와 똑같이 살면서 다른 결과를 바라는 것은 정신병 초기증세이다.'라고 아인슈타인이 그러지 않았는가. 나는 정신병 환자가 되고 싶지 않다.(웃음)

책을 읽긴 읽으나 1일 1독을 하지 않아서 그런가 싶어 독서인증 카페에 가입해서 읽어보기도 했었다. 그런데 웬걸. "1일 1독"이라는 강박관념에 사로잡혀 책을 정말 속된 말로 날로 읽기 시작했다. 그냥 읽었다는 것에 의의를 두며 '나와의 약속을 지켰구나'라는 아무 소득 없는 뿌듯함만이 내 마음속에 자리 잡고 있었다.

'이건 아니다. 다른 방법을 찾아보자.'

그렇게 한 달 만에 1일 1독을 멈추고 다른 방법을 고민하기 시작했다. 독자 중에는 이런 분들이 계실 것이다. '그냥 책 읽으면 되는 거 아냐? 뭘 독서법까지 고민해?' 성공한 사람들의 공통점 중에 독서도 있지만, 그냥 열심히 사는 것이 아니라 목적 있게 열심히 해야한다라는 특징도 있었기 때문에 "올바른 방향성"을 잡고 달려가고 싶었다.

그러다 우연히 듣게 된 팟캐스트에서 나온 게스트의 말.

"저는 책을 많이 읽지 않아요."

오 지금까지 와는 다른 접근이었다. 무조건 다독이 승산이라고 보았는데 성공했음에도 불구하고 책을 많이 읽지 않는다니? 바로 궁금증이 생겼고 자세를 가다듬고 귀를 기울였다.

"대신 책을 읽고 난 뒤, 책에서 얻은 교훈을 제 삶에 무조건 1개씩을 적용합니다. 그렇게 차곡차곡 성공하신 분들의 좋은 점을 제 것으로 만드는 거죠."

유레카. 이거구나

성공한 사람들과의 독서법과 나의 독서법이 다른 이유는 바로 이것이었다. "독서를 능동적으로 하는가."

학창시절, 인기강사의 강의를 듣고 난 뒤, 강사실력이 곧 나의 실력으로 착각하며 강의만 들었던 모습처럼, 책에서 말하는 좋은 말과 행동이 읽음과 동시에 바로 나의 것이라고 생각했다. 그래서 수많은 책을 읽었지만 내 삶에는 변화가 없었다. 어쩌면 당연한 결과일지도 모른다. 행함이 없는 다짐은 아무것도 안 한 것과 다를 바 없다. 이를 벗어나기 위해 그저 "재미", "대리만족"으로 책을 읽어왔던 과거의 모습은 버리고 철저하게 "목적있는 독서"로 변화시켰다.

목적있는 독서란, 책을 펼치면서 선택한 이유와 책을 덮으면서 적용할 부분이 명확하게 말할 수 있는 독서를 말한다. 지난 챕터에서 설명했듯 책의 모든 부분을 읽지 않아도 된다. 그리고 이를 위한 방법이 목적있는 독서이다.

<목차 독서>

책을 읽을 때, 목차 독서부터 시작해 보자. 목차 독서란? 책을 본격적으로 읽기 전 책의 전체적인 흐름을 읽는 독서를 말한다. 수험생 시절, 수동적으로 글을 읽는 대신 글의 전개와 구조를 파악해 능동적으로 글을 예측하면서 읽는 방법에 대해서 알게 된 후, 글의 이해도가 빨라졌다. 직관적으로 올바른 방향성이라는 확신이 들었기에 목차 독서를 먼저 해봐야겠다는 생각이 들었다.

부동산 투자공부를 할 때 시드머니가 작았던터라 소액으로 시작할 수 있는 경매와 분양권 투자에 관심이 생겼다. 처음 갖고 싶었던 아파트는 연식이 오래된 낡은 아파트보다 완전 새 아파트였기에 분양권 투자부터 공부하기로 마음먹었다.

'청약은 로또니까 프리미엄 주고 살 수 있는 분양권 관련 책을 읽어봐야겠다.'

분양권 투자에 관심이 많아서 키워드를 "분양권"으로 쳤는데 이게 웬걸. 분양권이라는 테마로 별도로 나와 있는 책은 거의 없고 청약과 함께 묶인 분양권 투자책만 있었다. 지금은 청약과 분양권은 떼려야 뗄 수 없는 사이라는 걸 알지만 그때까지만 해도 '청약은 로또니까 관심없고 바로 매수할 수 있는 분양권투자가 궁금한건데'라는 아쉬움이 있었다.

'뭐지 나는 청약을 알고 싶은 게 아니라 바로 살 수 있는 분양권 투자 방법이 궁금한 건데. 청약부분은 제외하고 분양권 부분만 읽어야겠다.'

"청약은 말고 분양권 부분만 선택해서 읽자" 분양권만을 위한 책은 없기에 자연스럽게 목차독서를 하게 되었다. 그렇게 청약과 분양권이 섞여 있는 책에서 궁금했던 "분양권"부분만 목차독서를 통해 체크하였다.

<발췌 독서>

그다음으로 발췌 독서를 하자. 발췌 독서란? 목적 있는 독서를 하기 위한 실천적인 방법이다. 목차 독서로 전체적인 책의 흐름과 저자의 의도를 파악한 후, 본인이 필요로 하는 정보에 대한 부분만 읽는다. 나의 경우, 발췌 독서를 할 때 책 한 권을 다 읽어야 한다는 부담감에서 벗어날 수 있어서 더 집중도가 높았다.

목차 독서를 통해 "분양권"에 관련된 읽을 부분을 선정한 다음, 발췌 독서를 통해 그 부분을 중점적으로 읽었다. 분양권에 대해서 읽다 보면 청약을 따로 떼어놓고 이야기할 수 없기에 저절로 궁금해졌다. 예를 들면 분양권과 청약의 차이점은 프리미엄의 유무이다. 전자는 프리미엄이 있어 상대적으로 더 시드머니가 필요하지만, 청약은 청약통장을 사용해서 당첨된 것이기에 프리미엄이 0이다.

시드머니가 부족해서 관심을 갖게 된 분양권 투자이기에 더 적은 시드머니로 접근할 수 있는 청약에 대해서 공부해야겠다는 생각이 들었다. 그래서 분양권과 비교를 한 청약의 장단점을 읽다가 결국은 책 한 권을 다 읽게 되었다. 그냥 처음부터 끝까지 읽었을 때보다 더 이해도가 높았고 흔히 말해 '책을 씹어먹었다'라는 표현을 이럴 때 쓰는구나라는 느낌마저 들었다.

여기서 주의해야 할 점은 발췌 독서를 할 때 가장 중요한 것은 "책을 읽는 목적"이다. 그냥 즉흥적으로 읽고 싶은 걸 골라 읽는 것이 아니라 내가 이 책을 왜 선택했는지에 대한 목적을 분명히 해야 한다. 그렇지 않고 그냥 발췌독서만 했다가는 중구난방이 되어 남는 게 하나도 없게 된다.

자기계발서 등 생각보다 읽기 쉬운 책들은 순서대로 읽는 편이지만 정보성이 강한 책들의 경우 없던 저항감도 생기기에 앞서 말한 목차 독서와 발췌 독서를 사용한다.

CHAPTER 13

2단계 어떤 강의를 들어야 할까?

두 번째 방법은 목적 있는 강의이다.

첫 번째 방법인 목적 있는 독서를 꾸준히 하게 되면 정말 다양한 부동산 투자방법이 있다는 것을 알고 놀랄 것이다. '그냥 저점에 사서 고점에 팔면 되는거 아냐?'라고 단순히 생각할 수도 있지만 실제로 전 재산과 다름없는 시드머니로 막상 그렇게 실행하려면 쉽지 않다. 그렇다면 어떤 기준으로 강의를 선택해야 할까? 그 해답은 바로 '본인의 현 주소'이다. 강의를 총 5단계로 분류했다. 1단계부터 5단계까지 차근차근 소개해보려고 한다.

1. 재테크를 처음 시작하는 경우

지인들이 재테크 공부를 시작한다고 하면 추천 책을 읽어오라는 과제아닌 과제를 내어준다. 정말 신기하게 결과는 딱 극과극으로 나뉜다. 놀랍도록 책을 빨리 읽고 다음 책을 추천해달라고 하거나 다음 단계를 궁금해하는 지인과 1년이 지나도록 감감무소식이 지인의 모습으로 말이다.

그렇게 책을 읽고 재테크에 대한 열정이 넘치는 지인들은 바로 강의를 추천해달라고 하는 경우도 종종 있다.

"크로야 나 이제 재테크 열심히 하기로 마음 먹었어! 혹시 강의 추천해 줄 만한 거 있을까? 책도 강의랑 같이 들으면서 읽게 여러 권 더 추천해 주라."

"음 혹시 너의 지금 생활과는 정말 많이 달라질 수 있는 데 괜찮겠어?"

"그럼~ 나도 재테크 열심히 해서 부자될꺼야."

"그래그래 그럼 몇 가지 질문을 더 해볼게."

"책에 대해서 질문하는 거면 그만둬.(웃음) 인상깊었다는 거지 문제를 맞힐 정도로 체화했다는 건 아니니까..."

"알아. 그거 말고 혹시 퇴근 후의 일과가 어떻게 돼?"

"갑자기? 음 퇴근 후에는 운동을 하고 난 뒤 저녁 먹고 유튜브 보고 뭐 딱히 하는 건 없는데."

"그럼 주말은?"

"주말은 놀지 평일에 고생했잖아 이번 주도 핫플가기로 했어."

"퇴근 후랑 주말에 하루 정도는 공부 시간으로 바꿀 수 있어?"

"...... 왜? 부동산은 더 빡세게 해야 돼? 주식은 그 정도는 아니였는데."

"주식이든 부동산이든 재테크 수단의 차이가 아니야. 정도의 차이지!"

"음 언제까지 그렇게 해야 하는데?"

보통 이렇게 대화가 흘러가기 마련이다. 직장인에게 피곤한 몸을 이끌고 퇴근 후에 공부한다는 것과 평일의 힘듦을 보상받아야 하는 주말의 하루를 공부하는 시간으로 쓰기에는 너무 기회비용이 크다.(나의 경우 주말도 거의 공부하는 시간으로 쓰고 있다.)

그래서 투자를 막 시작하고자 마음 먹은 경우, 실전 투자보다는 투자 마인드 세팅과 관련된 강의를 듣는 것을 추천한다.(경제 유튜버들의 영상을 봐도 좋다.) 마인드세팅 강의를 들으라고 하면 '나 투자하기로 이미 마음먹었는데?'라고 가볍게 생각할지도 모른다. 하지만 본격적으로 투자를 하게 되면 포기해야 하는 것들이 많아 생각보다 힘들다고 느낄 것이다. 구체적으로 포기해야 하는 것들에 대해서는 CHAPTER 9. 부동산 투자를 위한 마음가짐, CHAPTER 10. 부동산 투자를 위한 환경셋팅에 나와있으니 다시 한번 읽어보길 바란다.

2. 투자마인드가 확립된 경우

신기하게도 이 2단계까지 넘어오는 지인들은 생각보다 많이 없다.(웃음) 보통 책만 읽거나 다시 일상으로 돌아가거나 불안하다면서 돈을 좀 더 모으고 공부하겠다는 유형, 딱 이렇게 3가지 모습을 보인다.

1단계에서 2단계로 넘어가는 지인들은 자신만의 "동기부여"가 확실한 사람들이다. 생각해보니 나의 경우도 엄청난 동기부여가 있어 "생존"으로 투자를 바라봤기에 지금까지 이어가는 것 같다. 이런 걸 보면 고난=선물인데, 고난은 선물의 포장이며 선물은 그 존재 자체인 듯하다.

회사문화에 힘들어하는 지인이 마인드셋팅이 제대로 됐다면서 본격적으로 투자공부를 하고 싶다고 찾아왔다.

"크로야. 나 회사생활이랑 진짜 안 맞는 것 같아. 평생 이렇게 살아야 한다고 생각하니 너무 끔찍해. 그래서인지 동기부여가 정말 많이 됐고 본격적인 투자공부를 할 각오도 됐어."

"오 좋아. 너무 당연한 질문이긴 한데, 신축아파트가 좋아? 아니면 구축아파트가 좋아?"

"당연히 신축아파트지(웃음) 질문맞지?"

"응 첫 투자는 조금 보수적으로 하고 싶은거지?"

"응 아무래도. 우리는 MZ세대인데 무슨 돈 있겠니. 슬프다."

"그럼 신축아파트를 구매할 수 있는데, 상대적으로 초기 시드머니가 적게 드는 투자방법에 대해서 공부해 볼래?"

"오 신축아파트? 근데 신축아파트는 너무 비싼 거 아냐? 통장잔고가 너무 비루해서 보여줄 순 없지만 네가 예측하는 잔고보다 더 없다고 보면 돼."

"괜찮아. 신용대출을 이용해서 연봉의 2배만큼은 만들 수 있지 않아?"

"응 신용대출이랑 모아둔 돈 합치면 그 정도는 되지."

"그래 그럼 청약, 분양권 공부부터 하자."

친구들과의 약속 최소화, 가계부 쓰기, 하루에 2~3시간 투자공부 시간 확보 등 흔들리지 않는 투자마인드가 확립된 경우라면 청약, 분양권 강의에 도전해보길 권한다. 부동산 투자에 익숙하지 않은 친구들과 임장을 하면 "새 아파트가 좋아!" "연식이 오래된 아파트는 별로야"라는 말을 굉장히 많이 한다. 부동산이 아니더라도 중고품보다는 신제품의 선호도가 높은 것은 당연하다. 그리고 무엇보다 청약과 분양권은 시드머니가 적은 사회초년생들도 도전하기 적합하다.

청약을 권하면 과거의 나의 모습을 보듯 하나같이 이렇게 말한다.

"청약? 매달 10만 원씩 넣는 게 좋다고 해서 넣고는 있는데, 나 가점되게 낮아. 아마 안될 거야."

"청약 안될 건데 왜 아무 의미 없이 매달 10만 원씩 넣고 있어?"

"그거야 언젠가는 되겠지?"

"그런 막연함을 확신으로 돌리는 게 바로 부동산 투자 공부야. 바꿔보자."

"오 그래! 청약이면 일단 되는 게 좋은 거라는 건 알아!"

먼저 청약이다. 청약의 경우 무주택자에게 정말 혜택이 많은 제도이다. 최근 생애 최초에 1인 가구가 추가되면서 더더욱 장점이 많아졌다. 청약은 보통 계약금의 10%만 있어도 계약이 가능하기에 초기 투자금이 적은 것이 가장 큰 장점이다.

팁을 주자면 주민등록 거주지 기준으로 모든 전용면적 청약이 가능한 예치금액을 넣길 추천한다.

	85㎡ 이하	102㎡ 이하	135㎡ 이하	모든 면적
서울/부산	300만 원	600만 원	1000만 원	1500만 원
기타 광역시	250만 원	400만 원	700만 원	1000만 원
기타 시/군	200만 원	300만 원	400만 원	500만 원

주변 지인들에게 "청약통장에 얼마 넣어?"라고 물어보면 대다수가 "10만 원"이라는 대답을 듣게 된다. 이어서 "왜 하필 10만 원을 넣어?"라고 물어보면 "그게 좋다고 들었어"라는 대답이 돌아온다. 나의 경우 주민등록 거주지 기준 모든 면적 예치금을 넣어놓은 뒤 청약통장에 납입하고 있지 않다. 저축납입액 순으로 승패가 결정되는 국민주택청약은 과감히 포기하고 민영주택청약으로 방향을 정했기 때문이다. 민영주택청약의 경우 입주자모집공고일 당일까지 예치금액을 한꺼번에 납입해도 인정이 된다.

국민주택청약의 경우, 한 달에 아무리 많이 납입해도 인정금액이 10만 원이기 때문에 보통 한 달에 10만 원을 넣는 것이 좋다고 하는 것이다. 투자공부를 시작한다면 묶여있는 돈은 곧 시드머니의 부재로 이어지기에 이유를 분명히 알아야한다.

내가 국민주택청약을 과감히 포기한 이유는, 최소 3년의 무주택기간을 유지해야하는 데, 그 기간동안 투자를 포기할 수 없기 때문이다. 민영주택청약도 무주택자가 유리한 건 맞으나 추첨제도 있고 유주택자도 가능하기 때문에 확률이 더더욱 높아진다.

하지만 청약에만 올인하는 것은 추천하지 않는다. 청약을 계속 넣되 더 좋은 기회가 있으면 바로 매수할 수 있는 실력을 만들어야 한다. 그렇다고 청약을 하면서 갑자기 갭투자, 경매 등으로 넘어가기에는 성격이 너무 다르다. 청약을 하면서 함께 봐야하는 것은 바로 '분양권 투자'이다.

"크로야 근데 너는 첫 투자는 뭐로 했어?"

"분양권 투자!"

"엇 너는 청약부터 한 게 아니야? 분양권 투자를 선택한 이유가 있어?"

"나도 처음 시작할 때 신축아파트를 갖고 싶어서 청약을 알아보다가 분양권 자체가 너무 싼거야. 그래서 청약통장은 살려두고 프리미엄 주고 분양권에 먼저 투자했지."

"솔직히 청약은 언제 될지도 모르니까 1년 딱 해보고 안되면 나도 분양권 투자로 해볼까?"

"전략을 잘 짜면 청약도 아마 될 거야. 근데 너는 수도권을 원하는 데 당해가 아니니까 분양권 투자가 더 맞을 수도 있어."

분양권 투자란? 프리미엄을 주고 부동산에 대한 권리를 구매하는 것을 말한다. 청약과 간단히 비교하자면 분양권 투자에 필요한 금액= 청약에 필요한 금액 + 프리미엄이다.

나의 경우 첫 투자를 분양권 투자로 시작했다. 청약은 프리미엄이 없는 대신 청약통장을 사용하며 동호수를 선택할 수 없다. 반면 분양권은 프리미엄이 적으면 몇백 많으면 몇억까지 붙지만 청약통장을 사용하지 않으며 동호수를 내가 원하는 대로 선택하여 매수할 수 있다.

프리미엄을 주고도 그 분양권을 매수해도 주변 시세보다 안전마진이 있으면 과감히 매수하는 것을 추천한다. 분양권 상태에서는 등기를 칠 때까지 취득세, 재산세 등 각종 세금으로부터 자유롭기에 시드머니가 적은 분들에게도 부담이 없다.

내 주변 지인들은 청약에 대해서 열심히 공부하고 있다. 공고문이 나오면 함께 공부도 하고 바뀐 청약제도들도 단톡방을 통해 공유하기도 한다.

<청약에 당첨되다. 그것도 2개나!>

축하드립니다. 청약 예비 1번입니다.

'이게 무슨 일이지? 청약이 되다니! 그것도 가점 10점인 가점거지가 되다니!!'

당직으로 날을 새고 있었던 날이라 정각에 바로 청약 예비 당첨사실을 알게 되었다. 평소에는 미라클모닝을 위해 얄짤없이 자는 데, 날도 참 잘 골랐다!

APT 특별공급/일반공급 당첨조회 예비 (30일간)

예비 당첨내역			
주택명	주택형	당첨구분	예비순번
		특별공급(생애)	1

민영주택 생애최초 특별공급으로 무주택자인 남편 명의로 청약에 도전하였고, 직계존속을 부양하지 않은 단독세대였기에 전용면적 60m^{2}이하 주택형으로 넣었다. 결과는 앞서 말한 것처럼 예비 1번! 주위에서 예비 1번은 무조건 된다는 이야기를 많이 들었고, 평택 청약 예비당첨자 추첨에서 100번대가 계약하고 간 걸 두눈으로 똑똑히 보았던 터라 직감적으로 알 수 있었다.

'청약, 되는구나. 예비 1번은 무조건 되겠다.'

당해는 인천이였지만, 특별공급의 경우 경기도 지역도 넣을 수 있어, 도전하였고 결과는 대성공이었다!

TIP 청약하기 전, 모델하우스 방문을 통해 타입을 확인하고 직접 공급부지에 가서 눈으로 확인해라! 생각보다 묻지마청약을 한 뒤, 재당첨제한에 걸리고 아까운 청약통장을 날리는 사람들이 꽤나 많다.

cf) 인근 지역의 범위

1. 서울특별시, 인천광역시, 경기도
2. 대전, 세종, 충청남도
3. 충청북도
4. 전라북도
5. 전라남도, 광주
6. 대구, 경상북도
7. 부산, 울산, 경상남도
8. 강원도

그 후에 인천에서 입주자 모집공고가 나왔지만 그 당시 1순위 조건이 인천에 2년 거주한 자라 인천 거주 1개월차인 남편 명의로는 넣을 수 없었다. 아쉬운 마음에 직접 공급부지를 방문했고 그 후에 무순위로 나와 거주요건이 사라졌다! 인천에 2년을 거주하지 않아도 그냥 인천에 살고 있기만 하면 청약이 가능하게 조건이 완화된 것이었다. 기쁜 마음으로 바로 청약에 도전하였고 두 번째 청약 도전도 보기 좋게 대성공이었다.

■ APT 무순위/취소후재공급 당첨조회

당첨내역			
명	주택형	당첨구분	당첨정보
		-	예비순번 8

예비 순번 8번!! 이것도 완전 가능성 있는 숫자였다. 둘 다 수도권이고 입지도 꽤 괜찮은 곳들이라 행복한 고민을 하다가 후자를 선택했고 감사히 20층 이상이 나와, 현재 기분 좋은 마음으로 계약하고 입주할 날을 기다리고 있다.

"크로선배님 저는 솔직히 청약 공부하면서 이게 될까 싶기도 했는데 크로선배님이 청약에 되시는거 보고 가능하구나라고 더 열심히 공부하게 됐어요."

"맞아요 저도요! 청약이 희망고문이 아니구나 느끼게 됐어요."

"크로야 진짜 청약이 되긴 되는구나. 축하해!"

청약세상에서 1주택자보다 무주택자가 훨씬 더 유리하기에 무주택자 명의인 남편 청약통장으로 청약을 도전하였고, 본격적으로 도전한지 불과 3개월 만에 수도권에 2개나 당첨되게 되었다. 여러분도 인생에 한번 쯤 청약을 공부하여 청약에 기쁨을 맛보길 바란다.

3. 투자에 대한 자신만의 기준이 필요한 경우

"크로아 너가 추천해 준 강의 다 들었어! 너무 좋더라. 이제 또 다른 추천해 줄 강의 없어?"

"응...? 또 들어?"

"응! 오랜만에 강의들으면서 공부하니까 완전 알차고 좋아. 또 추천해 줘!"

"일단 들은 강의를 복습한 다음에 듣는 건 어떨까? 이렇게나 바로 들어?"

"사실 강의를 들을 때는 공부하는 느낌이 드는데, 강의가 아닌 나 혼자 공부할 때는 이게 맞나하는 조바심 때문에 시간낭비하는 듯해."

"그냥 전문가가 투자지역이랑 투자물건 선정해 주길 원하는구나."

"사실 맞아. 아직 내가 올바른 기준으로 선택할 수 있을지도 모르겠고 전문가 의견을 듣는 게 확실한 방법이지 않을까."

"물론 지금은 그럴 수 있지만 투자 한번하고 그만둘 것도 아닌데 계속 전문가에게 의지하려고?"

"그러네... 혹시 그럼 다음은 뭐해야 할까?"

"너만의 투자기준을 만들어! 당장 하기 어려우니까, 청약은 이제 입주자공고문 정독하면서 넣을지 말지 고민하고 갭투자 강의를 통해 투자기준을 배워봐."

"투자기준? 그게 뭔대?"

"교통, 일자리, 학군, 편의시설 등 네가 선정한 투자기준에 맞춰 단지별로 입지순위를 매겨서 상대적으로 가격이 눌려있는 아파트를 찾아서 투자하는 거야!"

"오 계속 하다보면 확신이 생기겠네."

"그럼! 부동산 투자는 개개인의 자금과 상황이 중요한 변수인데 전문가들이 그걸 하나하나 다 고려해서 알려주진 못해. 결국 부동산 투자로 길게 가려면 본인만의 확고한 기준이 필요해."

"알겠어! 해볼게."

투자공부를 하다보면 전문가에 의존하려는 모습을 보이는 경우가 많다. 자기확신이 없으면 부동산 투자를 꾸준히 이어나가기 어렵다. 보통 이런 경우 일명 강의쟁이(강의만 듣고 투자를 하지 않는사람을 일컫는 용어)가 되기 쉽다. 강의는 정말 많이 듣는 데 실제로 투자경험은 전혀 없는 사람들을 생각보다 꽤 많이 만났다.

이럴 때는 갭투자에 대한 강의를 듣길 권한다. 갭투자의 경우, 구축아파트를 주로 타겟팅하기 때문에 아파트별 비교분석으로 최종결론을 내는 방향으로 강의를 진행한다. 비교분석하는 방법은 강사마다 다른데, 큰 틀은 비슷하니 여러 강의를 들어보면서 자신만의 기준을 확립하는 것이 중요하다.

4. 책을 읽은 뒤 관심있는 분야가 생긴 경우

CHAPTER 12. 목적 있는 독서를 하다보면 특별히 흥미가 가는 분야가 있을 것이다. 나의 경우 '경매'가 특별히 흥미롭게 다가왔다. 부동산 전문가로 활동하시는 분들은 공통적으로 "경매"로 자산을 불렸다는 점과 전세, 월세 등 소중한 내 보증금을 지키기 위해 필요한 법률지식을 배울 수 있다는 점이 흥미로웠다.

사실 내가 경매에 더 끌렸던 이유는 어렸을 때, 집주인과의 구두계약으로 부모님께서 전세보증금을 날리신 경험이 있기 때문이다.

"크로야 집 문제 때문에 엄마아빠 모임 다녀올게."
"응 근데 무슨 문제야?"
"집주인이 아주 나쁜 사람이라서 대비책을 세워야 돼."
"응 알겠어."

어렸을 때 함께 살았던 세입자들끼리 집문제로 일주일에 꽤 많은 시간을 함께 고민하셨던 기억이 있다. 그때만 해도 같은 건물에 살았던 또래들과 친하게 지내는 사이였기에 우리의 만남은 항상 '집문제'에 대한 안부였다.

"크로야 너희 부모님 어제 우리집 오셨더라. 무슨 이야기인지는 너무 어려워서 어른들 하는 이야기를 알아듣진 못했지만 집주인이 돈을 안 준다던대?"

"아 그래? 돈을 왜 안주지. 집주인 너무 나쁘다."

시간이 1년, 2년 흐르다가 한 집씩 그냥 돈을 포기하고 집을 떠났다. 남은 집은 우리를 포함해서 딱 2가구. 우리는 다른 곳으로 이사하고 월세 세입자를 들여 부모님께서는 소유를 분명히 하셨다. 하지만 그 월세 세입자도 이런 골치아픈 상황을 알았는지, 자세히 듣진 못했지만 굉장한 갑질 아닌 갑질을 하셨다고 한다.

끝까지 버티다가 우리와 마지막까지 남아있던 동네언니 가족들도 돈 한푼도 못 받고 이사를 갔다. 그렇게 세월이 흘러, 자연스레 부동산에 관심이 생겼고 부모님에게 좋지 못한 기억일 수 있기에 조심스럽게 여쭤보았다.

"엄마 우리 어렸을 때 집 문제 때문에 엄청 회의하고 걱정하고 그랬잖아 그거 왜 그런거였어?"

"아 그거 집주인이 전세 보증금을 안줬어."

"왜? 나 경매 배우는데 대항력을 갖추면 전세보증금을 지킬 수 있는 데 그런 거 안했어?"

"응 그때는 그런 거 잘 모르고 구두로 전세계약 했지."

"구두로? 왜 구두로 했어?"

"그때는 정말 좋은 사람이라고 생각했고 우리 말고 나머지 세대도 다 구두로 했었어. 그때는 이렇게 무서운 세상이 아니라 가능했어."

"그렇구나..."

어렸을 때는 전세세입자가 전세를 살기 위해 전세보증금을 내고 들어와 살다가 계약종료기간에 맞춰 퇴거할 때 당연히 전세보증금을 줘야 하는 게 집주인의 의무인데 법은 계속 집주인의 편을 들어줘서 너무 법이 미웠고 나쁘다는 생각을 했다. (이 경험으로 나는 법에 관심이 생겼고 고등학생 때 경쟁률이 꽤 높았던 서울대학교에서 선발한 법고을학당 학생이 되어 법공부를 하기도 했다.)

지금 와서 생각해보면 계약을 구두로 하고, 대항력을 갖추지 않은 전세세입자에게 법이 해줄 수 있는 건 없었다. 그저 세입자의 무지함과 집주인의 악랄함의 합작품이라고나 할까.

전세보증금을 포기하고 10년 전 청약으로 받아놓은 아파트로 이사가던 날, 부모님의 환한 모습을 아직도 잊지 못한다.

"크로아 딱 2년만 살고 청약 당첨된 아파트로 이사 가려고 했는데 네가 벌써 고등학교 3학년이네. 세월 참 빠르다."

새 아파트는 여러 명의 전세세입자를 거쳐 어느덧 연식이 꽤 된 아파트가 되어있었다. 어렴풋이 기억나는 건 엄청 어렸을 때, 아파트에서 짜장면을 먹으면서 아빠가 "크로야 곧 여기로 이사할 거야"라고 하셨던 흐릿한 기억이 있다. 아마도 입주 전 하자를 사전점검했던 시점이 아니였을까 싶다.

소망이 있다면 부모님에게 새 아파트를 선물하고 싶었는데 청약부분에는 나보다 더 많은 정보를 알고 공부한 친오빠의 활약으로 부모님의 연이은 청약 당첨으로 각각 분양권을 소지하고 계시고 실거주할 예정이다.(계약서를 들고 아이처럼 좋아하시는 부모님의 모습이 아직도 눈에 선하다.)

경매는 투자뿐만 아니라 전세로 들어간 집이 경매로 넘어갈 위험에 대비하여 갖춰야 할 요건들에 대해서도 배울 수 있다. 바로 경매에서 "권리분석"에 대해 공부하면 된다. 이렇듯 경매는 투자가 아니더라도 소중한 내 자산을 지키기 위한 필수공부라는 것을 어릴 적 경험을 통해 체감하고 있었다. 그래서인지 내 첫 유료 부동산 강의는 경매였다. 경매는 유일하게 오프라인으로 부동산 강의를 들은 분야이기도 하다. 이렇게 개인적인 경험으로 부동산 투자의 여러 종류 중 꽂히는 것이 있다면 그 분야를 먼저 공부하는 것도 좋은 방법이다. 자신의 개인사가 동기부여가 되어 오히려 밑바탕이 되어 처절하게, 흥미롭게 공부할 수 있다.

5. 시드머니가 많지만 실거주를 당장 해결하지 않아도 되는 경우

상대적으로 초기 투자금이 다른 투자방법보다 많이 드는 재개발, 재건축 강의를 추천한다. 사실 나의 경우도 청약, 분양권 신축아파트 투자로 시작했던 터라 재개발 재건축 관련 책은 아무리 읽어도 흥미가 생기지 않았다.

"크로님 나중에 시드머니 많이 불리면 재건축 재개발 정비사업도 한번 고려해 봐요."

"네."

투자 선배님들의 조언에 대답은 곧잘 했지만 분양권 투자에 푹 빠져있었던 터라 '저렇게 쓰러져가는 주택(위의 사진참고)을 사서 뭐 한담. 그리고 너무 어려워 보여'라는 생각으로 아예 관심이 없었다. 그도 그럴 것이 재건축 재개발임장을 가봤는데 입지는 좋으나 다 쓰러져가는 빌라가 10억이 넘어가는 건 도통 이해가 되지 않았다. 정비사업 임장을 가면 선배 스터디원분들은 항상 이렇게 말씀하시곤 했다.

“돈만 있었으면 이 지역에 돈 묻어놓는데. 정비사업은 초기 투자비용이 많이 들어서 엄두도 안나네요. 아쉽다.”

다 쓰러져가는 주택과 빌라를 거닐면서 무섭고 음침하다라고 생각하는 나와는 다르게 선배 스터디원분들의 눈은 굉장히 반짝반짝했다. 그 당시에는 이해가 가지 않았지만 정비사업을 재밌게 공부하고 있는 지금, 신축아파트를 보는 것보다 정비사업 중인 쓰러져가는 주택과 빌라를 볼 때 더 설레인다. (웃음)

누구나 살고 싶어하는 강남, 용산, 성수 등 최고급 입지의 대장아파트는 갭투자로 들어갈 수 있을 정도로 전세가율이 높지도 않고 매매가도 굉장히 높다. 그럴 때 가지고 있는 시드머니를 실거주에 깔고 앉지 않아도 되는 1인가구거나 자녀가 없는 신혼부부라면, 정비사업 초기단계에 들어가 전체 투자비용을 줄이는 투자방법도 굉장히 괜찮다고 본다. 우리 부부도 시드머니를 불려, 최종적으로 살고 싶은 곳 정비사업에 투자할 것이다.

재개발 재건축 물량이 곧 일반분양, 청약으로 이어지기에 타이밍만 잘 잡으면 선제적 접근으로 신축아파트를 얻을 수 있겠다는 생각이 들었다. 그래서 요즘은 특히 재개발 재건축 투자에 푹 빠져있다. 실제 갈아타기로 목돈을 만들어 수도권 재개발 재건축 투자하는 것을 목표로 하고 있다.

*분양권 잔금 상환하는 방법 (전세보증금 이용)

분양권 잔금상환은 통보되는 입주지정기간 안에 하면 되는데, 실거주인 경우는 주택담보대출로, 투자인 경우는 보통 전세보증금으로 진행하게 된다. 여기서 중요한 점은 분양권은 "입주장 리스크"를 기억하면서 접근해야 한다는 점이다. 이런 성향으로 생각보다 투자스터디에서 분양권 투자경험이 없는 분들이 많이 있었다.

"분양권은 리스크가 있어서 해본 적 없다."

직접 입주장을 겪어보니 그게 무슨 의미인지 단번에 알 수 있었다. 입주 지정기간 그리고 약 3개월간의 유예기간(기간이 다르므로 확인필요.)까지 잔금을 상환하지 않으면 계약 해지에 대해 서명을 해야한다. 나의 경우도 전세가 생각보다 안 맞춰져서 서명을 했고 딱 보름 남겨놓고 상환완료했다. (지금 생각해도 너무 아찔하다.) 주변에 분양권 투자를 하신 분들이 없어 맨땅에 헤딩한 부분도 많아 "분양금 잔금상환 방법"에 대해서 소개하고자 한다.

일단 먼저 잔금 상환시, 공급가액잔금 (+연체료), 발코니확장비잔금 (+연체료), 선수관리비(미리 내고 나중에 환급받음), 중도금대출 보증수수료, 중도금대출(+연체료), 중간관리비, 중개수수료의 비용이 든다는 것을 인지하고 절차를 알아보자

1단계 전세세입자 구하기

일단 잔금 납부일자가 정해지려면 전세세입자를 구하고, 잔금 납부일자(보통 입주일자와 동일)를 지정받아야 한다.

2단계 계약서 작성

전세세입자에게 계약금(약 10%정도)을 받고 특약 등이 기재된 계약서를 작성해야하며 이때 증빙서류로 공급계약서, 발코니계약서, 매매계약서 서류가 필요하다.

3단계 잔금 납부일자에 맞게 세팅하기

잔금 납부일자를 받았으면, 그 전에 미리 투자물건에 하자가 있는지 방문한다. (임시방문으로 키불출이 가능) *신분증 지참

그리고 입주증을 발급하는 곳에 가서 잔금 납부 가능 일자 기준으로 각종 금액을 안내받는다.

4단계 잔금 납부

약속된 잔금 납부일자가 되면 세입자가 임대인 계좌번호로 전세보증금을 입금한다. 받은 보증금으로 중도금 대출 등 잔금상환을 하면 된다.

5단계 관리사무소 방문

선수관리비와 입주 지정기간부터 잔금 납부 시기까지 중간 관리비

두 개를 정산한 영수증을 받는다.

6단계 입주증 발급

입주증 발급하는 곳으로 이동하여, 선수관리비, 중간관리비 정산 영수증과 신분증, 통장사본을 제출한다. 그러면 담당자가 잔금 등 상환이 제대로 되었나 확인하는 절차를 거친다. 입금 확인이 되면 선납 관리비 환불신청서와 입주증과 주택 인도 증서에 서명을 한다. 이것과 중도금 대출 상환영수증을 추가로 들고 키불출을 하러 가면 된다. 여분의 키와 함께 지급되는 물품들을 사전에 확인하고, 세입자에게 전달하면 완료다.

7단계 등기사무소에 서류 제출

매매계약서, 공급계약서, 발코니계약서, 옵션계약서(있다면), 거래신고필증, 인지세를 등기사무소에 제출한다. 참고로 매매계약서와 거래신고필증은 최초분양이 아닌 전매라면 그 전의 것도 필요하다.

CHAPTER 14

3단계 투자 동료와 따로 또 같이

"10년 후에 어떤 모습이길 원하십니까?"

달콤하지만 짧았던 주말이 지나고 직장인들은 월요병을 겪으며 출근을 한다.

"안녕하세요."

"주말 잘 보내셨나요~?"

월요일은 암묵적으로 티타임을 통해 직원들끼리 교류를 하는 날이기도 하다.

"주말에 뭐했어?"

"아 저는 이번 주에 쇼핑했어요."

"저는 집콕하면서 영화봤어요."

직장인들의 고질병인 월요병에 조금이나마 위안이 될 수 있는 대화 주제는 바로 주말을 어떻게 보냈는지와 같은 근황토크이다. 지금 이 책을 읽는 여러분들도 대답해보자. 보통 직장인들의 대답은 "친구들이랑 놀았어요!" "연인과 데이트했어요" "집콕하면서 넷플릭스 봤어요!" 등등 평일에 쌓인 스트레스를 본인만의 방법으로 풀고 온 이야기들이다. 이 집단에서는 가장 재밌고 신나게 시간을 보낸 사람이 위너이다.

주말이 시작되는 금요일 저녁부터 부동산 투자 단톡방이 활발하게 울린다.

"이번 주 주말 평택 임장가요~ 같이 갈 사람 구합니다."

"저는 마포 좀 돌아보려구요."

"오 재테크 박람회가는데 혹시 참석하시는 분 계시나요."

그렇다면 나를 비롯한 직장인 투자자들의 주말 이야기는? 거창할 것도 없다. 바로 임장을 한 이야기이다. (기존 집단에서는 주말에는 쉬어야지...라는 반응이 대다수이기 때문에 굳이 말하지 않는 편이다.)

부동산스터디에서 최소 한 달에 한 번 임장을 함께한다. "투자는 해야 한다." "돈을 아껴서 시드머니를 확보해야 한다." 등 나의 가치관과 동일한 사람들로 구성되어 있다. 그래서인지 마음이 참 편안하다. 이 집단에서는 투자경험이 많고 이에 따라 실적을 많이 낸 사람이 위너이다. 참 멋지다. 같은 직장인 투자자들끼리 만나서 그런지 통하는 것도 많아 위로가 되고 공감이 된다.

투자공부를 하기 전에 맺은 집단과 투자공부를 한 후에 맺은 집단은 '균열'이라고 표현할 정도로 많이 다르다. 내가 추구하는 10년 후,

아니 머지않은 미래에 이루고 싶은 이상향의 모습을 가진 사람들은 후자의 집단이다. 그래서 평일은 물론 주말도 후자의 집단에 속해 자기계발을 한다.

부동산 스터디에서 만난 사람들과의 커뮤니티는 어떻게 운영되는지 궁금하신 분들을 위해 소개하려고한다.

*첫 번째 유료스터디

일정 금액을 내고 멘토와 함께 임장 등의 활동을 함께 하는 스터디이다. 나의 경우 부동산 투자공부를 막 시작했을 때는 임장이 어떤 건지도 몰랐고 무엇보다 부동산에 들어가는 것이 너무 무서웠기 때문에 과감히 유료스터디를 선택했다.

유료스터디는 하루, 한달 식으로 단발성도 있고 6개월, 1년 단위로 이어지는 경우로 나뉜다. 나의 경우 유료 임장스터디를 약 6개월 정도 참여한 적이 있다.

유료 임장스터디에 가입하게 되면 단톡방이 만들어지고 조장을 선두로 스터디의 운영방향성과 앞으로의 일정에 대해서 공유하면서 스터디가 시작된다.

"안녕하세요 모두 신청서에 작성하신 닉네임대로 단톡방 이름 바꿔주세요."

"네 알겠습니다."

"저희 스터디는 부동산 초급자부터 중급자까지 고루고루 섞인 스터디인 점을 감안해주세요. 부동산 일정은 몇 주 전에 일정과 장소가 공지가 됩니다. 참여 원하시는 분은 참여의사 밝혀주시고 자율적으로 임해주시면 됩니다."

내가 난생처음 임장이란 곳을 간 지역은 바로 청주였다. 나 홀로 얼굴 한번 보지 못한 사람들과 투자 공부를 하기 위해 버스터미널에 몸을 싣고 가는 그 긴장감과 설렘의 감정은 느껴본 자만이 알 것이다.

첫째 날은 워밍업 날이고 간단한 자기소개를 하는 날이라 카페에서 만나기로 했다. 참가자가 유독 많은 스터디 날은 임장지역의 스터디룸에서 모여 조장이 준비해 온 그 지역에 대한 브리핑을 듣는다. 얼굴을 모르기에 장소가 공지된 단톡방을 의지하면서 카페에 도착했다. 못 찾으면 어떡하지라는 걱정은 접어둬도 된다. 누가 봐도 안 친해 보이는 어색한 기류가 맴도는데, 지도가 펼쳐져 있고 아이패드 등 공부 분위기인 곳을 찾으면 된다.(웃음)

조장님이 청주에 대한 지역분석을 해주신 다음, 2인 또는 4인으로 나누어 임장을 진행한다. 한꺼번에 많은 인원이 부동산에 방문하면 중개사님들이 실수요자가 아니라 공부하는 스터디라는 것을 알기에 소수로 다녔다.

"조장인 저와 같이 다니고 싶으신 분!"

"저요!"

부동산 스터디는 물론, 모든 것이 낯설었던 그 때는 조장님과 같은 조로 편성받기 위해 온갖 어필은 다 했던 것 같다.(웃음)

확실히 조장님과 임장을 다니면 더 정보를 얻을 수 있고 굉장히 여유로워 보이지만, 상대적으로 다른 조보다 심적으로 더 타이트함을 느낄 수 있었다.

"아파트 단지 둘러보고 부동산 들어가보시죠."

"네? 이렇게 바로요?"

부동산은 최소 3개 이상은 들어가봐야 한다는 조장님의 철칙에 따라 난생 처음 부동산 방문을 했다. 부동산 사무실 문을 여는 순간, 쿵쾅거렸던 긴장감은 아직도 생생하다.

"안녕하세요."

"네. 안녕하세요."

"이 지역에 대해서 궁금한데 현재 흐름이 어떤가요?"

조장님은 부동산 들어가기 전 조언을 해주셨다. "쭈뼛거리지 말고 무조건 앉아라. 그리고 소장님까지 내 앞으로 앉히면 반은 성공한 거다."

정말 조언 그대로 어느 누구도 앉으라는 사람이 없었는데 자연스럽게 앉아있는 우리를 발견할 수 있었고 소장님도 우리 앞에 앉아서 지역현황과 매물에 대해서 브리핑하고 계셨다.

'부동산 임장은 이렇게 하는구나'

이렇게 부동산 임장 경험이 누적되다보니 공통점을 발견할 수 있었다.

1. 포지션 정하기

실수요자 또는 투자자 중 어느 포지션으로 문의를 할지 정해야 했다. 실수요자면 전세수요자인지 매매수요자인지도 구체적으로 정하는 것이 좋으며 투자자이면 어느 정도의 갭투자를 생각하고 있는지도 알려드리는 것이 좋다.

2. 보유하고 있는 시드머니 정하기

소장님 입장에서는 가용자금을 알려줘야 거기에 맞는 매물을 추천해주실 수 있기 때문에 꼭 정하고 가야 한다. 부동산 방문했을 때 "그래서 얼마 있어요?"라는 말은 정말 한 번씩은 꼭 듣고 나왔다. 지역마다 매수가능한 종잣돈을 파악하는 방법은 네이버 부동산을 참고하면 된다. 호가기준 매매가와 전세가의 차이를 시드머니로 소장님께 말씀드리면 매수가능한 사람이라고 생각하기에 친절하게 설명해주신다.

3. 함께 부동산을 방문하는 사람과의 관계 정하기

투자스터디 모임 특성 상, 매번 임장스터디에 참여하는 멤버들이 다르다보니, 난생 처음보는 사람과 임장조가 되면 누가 봐도 어색한 기류를 풍기며 부동산에 들어갈 수밖에 없고, 바보가 아닌 이상 스터디에서 왔구나라고 알 수 있을 정도이다. (웃음) 실제로 같이 임장다녔던 사람들과 남매, 신혼부부 등 다양한 컨셉을 해봤지만 내 성격상 거짓말을 하면 불편했다. 그래서 실수요자 포지션일 경우 투자경험이 상대적으로 많은 쪽을 멘토로 삼고 물건을 보러왔다고 말한다. 투자자 포지션일 경우 매수의사가 있는 투자자끼리 임장왔다고 솔직하게 밝히고 진행한다.

실제로 투자동료와 부동산을 방문했을 때 남녀가 상담을 받고 있어 잠시 대기 중이었다. 엿들어보니 신혼부부라고 했는 데 서로 쳐다보지도 않고 굉장한 어색한 기류에 딱봐도 각자의 궁금증을 해소하는 투자자들인 것 같았다.

함께 있던 투자동료도 눈치챘는지 작은 목소리로 말씀하셨다. "저기 신혼부부 아니고 투자자들 같아요. 너무 어색한데요? (웃음)" 우리도 남매컨셉으로 가려다가 노선을 변경해서 투자자 컨셉으로 진행하였다. 훨씬 마음이 편하고 좋았다.

*두 번째 파생스터디

파생스터디란 부동산 강의를 들은 마음맞는 수강생들끼리 따로 구성한 스터디를 말한다. 유료스터디와는 다르게 무료로 진행되기에, 일명 핑프족이 생기지 않도록 적극적으로 스터디에 임하는 사람들끼리 모이는 것이 중요하다. 아니면 흐지부지될 확률이 굉장히 높다. 다행히 굉장히 열정적으로 이끌어주시고 실력도 좋으신 분이 스터디를 잘 이끌어주고 계셔서 많이 배우며 임장도 같이 다니고 있다.

2주일에 한 번씩, 줌으로 만나 순번이 되면 선택한 부동산 주제로 발표를 한다. 여름과 겨울을 제외하고 한 달에 두 번정도 만나 임장도 진행하고 있으며 지역별로 시세트레킹을 진행하고 있다. 현재는 독서스터디도 진행하고 있다. 스터디가 점점 견고해지고 퀄리티가 높아지는 듯해 열심히 참여하고 있다.

"이번에 방문할 임장지는 평촌입니다. 가능하신 분들은 댓글 달아주세요."

조장님이 이렇게 임장지와 날짜를 공지하면 선착순 댓글로 참여 인원을 모집한다. 굉장히 여러 단지를 보기 때문에 차량이 필수라 가능한 차량 지원개수에 따라 인원이 매번 달라진다.

해당 날짜가 되면 집결지에 모여 조장님의 개괄적인 지역 설명과 손수 만들어오시는 임장지도를 보면서 임장을 시작한다. 앞서 말한 유료스터디와 다른 점은 전체인원이 한 번에 이동한다는 것과 매물임장보다는 분위기 임장 위주라는 점이다.

거의 10명 이상은 참여하는 임장스터디라 우르르 이동할 때 흔히 말해 시선 강탈이긴 하다. 내가 봐도 다수의 인원이 몰려다니면 궁금할 것 같긴 하다. 그래서인지 이런 일도 종종 있다.

한 번은 노량진 정비사업 임장을 하는 날이였다. 임장하기 좋은 날씨라 평소보다 많은 인원 약 12명정도가 참여했다. 정비사업의 경우 골목들이 비좁고 인적자체가 드문 곳이라 우리는 눈에 더 띄었다. 나의 경우 블로그와 유튜브를 운영 중이라 임장지를 촬영하는 편인데 이웃주민이 내게 말을 걸어왔다.

"단체로 여기서 뭐하는 거요?"

'아뿔싸 나이가 있으신거보니 정비사업에 반대하는 분일수도 있는데 대처를 잘해야겠다'

"아 산책동아리인데 날씨가 너무 좋아서 이곳저곳 돌아다니고 있어요."

"산책인데 이런 곳을 돌아요? 신기하네 허허."

다행히 이렇게 넘어갈 수 있었다. 하지만 얼마 지나지 않아 이번에는 좀 강력한(?) 어르신이 나에게 말을 걸어왔다. 노량진 정비사업은 진행 중인 정비사업 지역 중에 최상급지에 꼽힌다. 이런 지역일수록 정비사업에 대한 갈등이 많은 편이다. 한 단지에서 "정비사업 반대" 현수막을 크게 걸어놓아서 스터디원분들이 관심을 갖고 보고 있었다.

"아니 여기서 단체로 뭐 보는 거요?"

아까와는 다르게 확실히 이 분은 정비사업을 반대하는 어르신이라는 직감이 확 왔다. 민감하게 반응하는 모습과 언성이 약간은 높아진 날카로운 말투였기 때문이다.

'완전 난감하네, 왜 나한테만 물어보시는거야... 당황스럽네. 여기서 잘 못 말했다가는 큰일나겠다.' 순간 머릿 속이 아찔해졌다. 다행히 재빨리 침착함을 찾고 말씀드렸다.

"아 안녕하세요~ 건축학과 학생인데 다 같이 실습 나왔거든요. 하늘과 건물의 조화가 너무 예뻐서 찍고 있었어요!" '통했으려나...? 제발!!!'

"아 그래요? 오늘 날씨가 좋긴 좋지" 잔뜩 경계를 하셨던 어르신은 이내 경계를 풀으시고 인자한 미소를 띄우며 가던 길을 가셨다.

'휴 다행이다'

그 모습을 본 스터디원분들은 대처가 좋았다고 말씀해주셨지만 아직도 그때만 생각하면 식은 땀이 난다.(웃음)

또 한번은 친구들 4명과 전주 감나무골 임장을 하던 날이었다. 다 쓰러져가는 집들을 바라보면서 앞으로 어떻게 바뀔까 궁금하다하면서 나중에 전후사진을 비교해보려고 사진을 찍고 있는데 갑자기 목소리가 들렸다.

"가져갈 거 있으면 다 가져가~~."

'응...? 이게 무슨 소리지?'

같이 간 친구들도 눈이 동그래져서 주위를 살폈다. 다행히 목소리의 주인공은 우리에게 경계심이 없었고 우리만 잔뜩 긴장하고 있었다.

"아 저희 감나무골에 관심이 있어서 둘러보고 있었어요. 하하."

알고 보니 감나무골 찬성 조합원이었다.

'휴 감사합니다.' 사실 반대 조합원을 만나면 안 그래도 불편한 심기를 건드리는 꼴이 되기 때문에 좋을 게 없기 때문이다.

"이 집은 100년 넘은 집인데, 이번에 감나무골 정비사업으로 없어져. 나도 여기서 엄청 오랫동안 살았는데 이제 새 아파트에서 살아봐야지."

"오 부러워요. 감나무골 입지 너무 좋던데 조합원이시군요."

"그럼~ 여기서 가장 입지가 좋고 앞으로 더 성장할 곳이 바로 감나무골이지!"

적극적인 조합원이시라 감나무골 매물 프리미엄 등 전반적인 분위기에 대해서 설명해주셨고 너무 흥미롭게 들을 수 있었다. 정제된 부동산 소장님의 브리핑보다 과감없는 조합원님의 현장 브리핑이 더 재밌다는 걸 알 수 있는 좋은 경험이었다.

*세 번째 단발성스터디

단발성스터디란 내가 상황에 맞게 만든 스터디이다. 위에 소개해드린 유료스터디와 파생스터디도 좋지만 개인적으로 제일 재밌는 임장은 바로 단발성스터디이다. 마음 맞는 친구들과 함께하는 임장은 즐겁게 재밌다.

회사 특성 상, 전국 곳곳에 회사동료들이 있다. 처음 가보는 지역은 그 지역에 대해서 가장 잘 알고 있는 실거주자의 시선으로 접근하면 이해도가 좋았다.

더불어 청약 등 관심단지가 분양하면 함께할 친구들을 모은다.

"여기 가보고 싶은 데, 혹시 시간되는 사람~~."

"오 나 임장가보고 싶었어! 나 가볼래."

"나도! 시간돼!."

이렇게 시간과 일정을 잡으면 타 스터디임장과는 다르게 내가 이끌어야하는 임장모임이 완성된다. 부담감도 없진 않지만 확실히 모임을 이끌어야하는 입장이 되면 더 책임감이 생기고 배우는 점이 많다.

"여긴 꼭 가보고 싶다 하는 단지 있으면 말해줘! 반영해 줄게."
"나는 A단지 너무 궁금했어 여기는 꼭 가보고 싶어."
"B단지는 내 친구가 사는 곳인데 대장아파트라 같이 가보면 좋을 듯!!"
"C단지는 최근 입주한 단지인데 이 지역 사람들한테 인기 많아!"

이렇게 관심단지를 사전조사한 걸 토대로 임장루트와 지역분석을 해서 함께하는 친구들에게 공유한다. 위치와 시세를 같이 봐야하는 등 이 스터디에서는 나의 할 일이 상대적으로 많아 분주하긴 하지만, 확실히 기억에 남는다. 지도상의 길과 상권 등등 기억 속에 네비게이션이 들어온 듯 선명하게 들어온다.

하지만 세 번째 스터디는 재미는 있지만 초반부터 결성하는 것보다는 부동산을 조금이라도 아는 사람과 함께 임장의 방법을 배우고 나서 하는 것을 추천한다. 아무것도 모르는 사람들끼리 다니면 그냥 배움이 없이 다리운동만 한 셈이 되어버릴지도 모른다.

사실 고시생, 취준생 때부터 스터디를 참여하는 팀원이였다가 아쉬웠던 점을 개선하고자 마음맞는 사람들끼리 별도의 스터디를 만드는 편이었다. 그리고 그 스터디원들과는 아직까지 인연을 이어가고 있을 정도로 끈끈하다. 어느 정도 부동산 임장과 투자에 대해서 감을 잡았으면 혼자보다는 마음맞는 투자동료들과 스터디를 주체적으로 꾸려서 해보는 것을 추천한다.

"나의 컨디션은 항상 100%가 아니다. 그러기에 오래가기 위해서는 함께 해야한다"가 내가 투자스터디에 참여하는 이유다. 나와 같은 MZ세대가 공감하는 말이 있다. "혼자 있고 싶은데 혼자 있고 싶지 않아". 카페에 친목은 배제하고 밥만 같이 먹을 사람을 찾는 글, 마라톤 동호회에서 정말 마라톤만 하고 헤어지는 모임공지 글 등이 대표적인 사례이다.

'나는 성격상 혼자 하는 것이 편해. 누군가 함께하는 것은 불편해'라고 생각하는 MZ세대들이 있다면 이런 모집글을 올려 보는 건 어떨까?

> "모집글 : 0월 0일 0시 ○○에서 임장하실 분 구합니다. 정말 딱 임장만 하기에 식사는 하고 오세요."

나도 투자스터디에서 시간관계상 함께 해야 하는 점심식사를 제외하고 저녁모임은 참여하지 않는 편이다. 더 친해지기 위해서는 뒷풀이도 참석해야하지만 나와 같은 성향의 MZ세대분들은 공감할 것이다.

'임장이라는 목적을 달성했으니 빨리 집 가서 쉬고 싶다.(웃음)'

투자할 돈이 있으면 부동산 임장은 재밌을 수 밖에 없다. 돈이 있는 상태에서 백화점 쇼핑을 한다면 얼마나 재밌겠는가. 하지만 돈 없이 아이쇼핑을 하는 것도 한 두 번해야 재밌지 매주 한다고 생각하면 직원들 눈치 보이고 이게 뭐하는 짓인가 하는 현타도 세게 올 것이다. 내가 커뮤니티를 열심히 참여하는 이유이다.

CHAPTER 13. 두 번째 방법. 목적있는 강의를 참고하여 자신의 현 상황에 맞는 강의를 선택하면 보통 수강생들끼리 단톡방을 만들어서 교류할 수 있다. 오프라인 강의만 가능한 거 아니냐고? 나의 경우도 평일은 지방에 있기에 오프라인 강의 수강이 어려워 온라인 강의를 수강했지만 교류를 하고 있다. 핑계는 접어두자.

단톡방이 만들어지면 서로 부동산 정보 등을 교류하면서 질의응답을 한다. 그 방에 속해있으면 정말 부지런한 사람, 소식이 빠른 사람 등 열심히 사는 사람들을 많이 만날 수 있다. 사람인지라 항상 파이팅 넘치는 최적의 컨디션 상태를 유지하는 건 어렵지만, 덕분에 '나도 열심히 살아야겠다.'라는 강력한 동기부여가 생겨 무기력함을 금방 털고 일어날 수 있는 원동력을 얻는다. 투자동료들과의 함께함이 정말 중요한 이유이다.

그러다 오프라인 임장스터디 모집을 하면 기회를 놓치지 않고 적극적으로 참여한다. (나의 경우 결혼식 2주전에도 참석했다.) 유료 임장스터디도 있어서 참석해봤는데 단발성으로 끝나는 경우가 많고 비용 대비 별로여서, 획기적인 유료 임장스터디가 아닌 이상 마음 맞는 투자동료들과 함께하는 무료 임장스터디를 추천한다.

계속 언급하지만 평일은 직장인의 삶으로, 주말은 투자자의 삶으로 사는 것이 쉽지만은 않다. 그래서 더욱 마음 맞는 커뮤니티에 속해있는 것이 중요하다. 여러분이 이 책을 읽고 있는 이유도 경제적 자유 등을 이루기 위한 하나의 과정일 것이다. 지금까지 속해있던 집단에 계속 머무른 채, 다른 결과를 바라는 것은 어리석은 일이다.

과감히 용기를 내서 기존 집단에서 벗어나 본인이 이루고자 하는 목표를 이룬 사람들이 있는 집단으로 옮겨가라. 그래야 나의 삶이 달라질 수 있다. 나와 내 주위 사람들만 부자가 아닐 뿐 세상에는 부자가 많으며 지금도 계속 생겨나고 있다.

아래 사진은 투자동료들과 임장스터디를 함께한 사진들이다. 목적 있는 함께함은 언제나 옳다.

CHAPTER 15

4단계 투자기준 확립

"샀다가 떨어지면 어떻게 해."

"가격이 더 떨어지지 않을까?"

"너무 많이 올랐어. 지금 사면 고점 아냐?"

내 주변 지인들에게 내 집 마련은 일찍부터 해야 한다고 권하면 돌아오는 답변들이다. 물론 묻지마 투자해서 힘들어하느니 차라리 매수를 뒤로 미루는 것이 나을지도 모른다. 하지만 시도조차 해보지 않음으로써 오는 막연한 두려움과 신중함은 구별해야 한다.

MZ세대가 아니더라도 부동산거래를 통한 내 집 마련은 인생에서 개인으로서 하는 가장 비싼 쇼핑이 아닐까 싶다. 이럴 때 중요한 것은 과연 무엇일까.

"그래서 무엇을 사야 하는가?"

다양한 재테크 방법 중 부동산 투자를 선택하고 공부한 것을 실행으로 옮기기란 여간 쉬운 일이 아니다. 고점에 사는 거 아닐까 하는 불안감 등 아직 가보지 않은 길에 대한 막연한 두려움 때문이다. 이러한 두려움을 없애기 위해 중요한 것이 바로 "투자기준"이다.

1. 매수하자마자 이득을 보는 투자

상대적으로 적은 시드머니로 투자가능한 지방 투자물건을 경매로 낙찰받는 것을 첫 투자 목표로 삼았다. 그때 나의 종잣돈은 약 7천만 원였다. 경매 수업을 듣고 가장 큰 고민거리는 "적정한 낙찰가격"을 입찰가격으로 적어내는 것이었다. 명도 등 부대비용을 고려하면 시세 대비 10%는 저렴하게 낙찰받는 것이 좋아보였다. 하지만 내가 경매에 관심을 가진 시기는 경매경쟁률이 높았기 때문에 시세대비 높게 낙찰가액이 형성된 매물들이 많았다. 그렇다고 수익률과 시드머니를 고려했을 때, 시세보다 높은 금액으로 입찰할 순 없었다. 낙찰자체가 목표가 아닌, 낙찰 후 바로 매도해서 얻는 시세차익 아니면 약간의 수리 후 전세 레버리지를 일으켜 수익률을 극대화하는 게 목표였기 때문이다.

'좋은 방법이 없을까?' 낙찰가액에 대한 깊은 고민은 나 혼자서 해결할 수 없었다. 경매관련 정보를 수집하다가 알게 된 "경매 서바이벌" 모집 공고글.

전날 저녁, 경매가 이루어지는 물건을 조장이 올리면 예상 낙찰가액을 적어내고, 실제로 낙찰가액과 비슷한 금액을 적어낸 팀원에게 선물을 주는 프로그램이었다. 낙찰가액에 대한 불안감이 있었는데, 스터디를 통해 매일 연습한다면 해결될 것 같았다.

단순히 찍기가 아닌, 입찰가액을 왜 그렇게 적어냈는지에 대한 이유도 기재해야 했기에 신중하게 임했고 1등으로 선물을 받기도 했다.

'이제 낙찰가액에 대한 두려움은 어느 정도 해결되었다. 이제 경매 직접 해보자'

신기하게 그 시기, 눈여겨보던 지역 대장아파트가 경매물건으로 올라왔다.

'오 타이밍 굉장히 좋네!! 입찰해 봐야지!'

처음 입찰이라 앞서 언급한 경매 서바이벌 게임 모집자 멘토에게 조언을 구하고, 직접 다녀오기도 하면서 입찰하기로 최종결정하게 되었다. 은행에서 입찰보증금을 수표로 준비하고 혹여나 실수가 있을까 몇 번이고 확인했다.

취하될 수도 있으니 아침에 확인해 보고 법원을 가라는 말을 많이 들어서 혹시나 하는 마음에 확인해 보았다. 사건번호를 검색해보니 이게 웬걸. 경매물건 목록에 나오지 않았다. 설마 말로만 듣던 취하인가...?라는 생각에 확인해 보니 취하가 맞았다.

갑자기 무용지물이 되어버린 입찰보증금 등 각종 경매서류를 보고 또 한번의 좌절을 겪었다. '와 진짜 나는 한 번에 또 안되는거야?' 그도 그럴것이 예전에 인연을 맺게 된 언니는 첫 경매 도전, 첫 경매 낙찰로 현재 명도 진행 중이라는 소식을 들었기 때문이다.

한동안 멍하니 있었고 마침 휴가도 썼겠다 뭐라도 해야 할 것 같지만 감이 잡히지 않았다. 지금이라면 평소 관심 있었던 단지 임장을 신나게 갔겠지만 그 때는 정말 "경매낙찰!" 목표를 단 하나로 설정하고 달려가는 중이었기 때문이다.

유료스터디에서 만난 스터디조장님에게 그냥 연락을 툭 던져보았다.

"안녕하세요. 조장님 저 크로인데요. 오늘 휴가 내고 경매 가려고 했는데 취하돼 버렸어요... 그래서 지금 휴가 썼는데 뭘 해야 할지 모르겠네요..."

"저희 청주 다녀왔잖아요. 청주 지금 좋은 데 한 번 가보시는 거 어떠세요? 휴가 그냥 날려보내기 아깝잖아요!"

"......? 조장님 근데 저는 임장을 혼자서 가본 적도 없고 더군다나 부동산에 혼자 절대 못 들어가요 너무 무서워요."

"에이 아니에요 할 수 있어요. 청주에서 꼭 봐야하는 단지들 알려 줄테니까 가봐요."

"지금 바로 청주를 가요?"

"네 지금요."

그렇게 갑자기 청주임장을 떠나기 위해 버스표를 예약하고 부랴부랴 식사도 건너뛴 채 청주가는 버스에 몸을 실었다.

'이게 맞나...? 그래도 일단 가보자 언젠가는 혼자 해야 하니까. 또 다른 기회가 나한테 올지 몰라!'

그래도 예전에 청주임장을 스터디에서 온 기억이 있어, 엄청 낯설지는 않았다. 하지만 부동산에 들어갈 때 실력 있는 스터디원들 뒤에 엉거주춤 따라갈 수 있는 편안함과 든든함 없이 오로지 나 혼자 헤쳐나가야하는 상황이 생각보다 빨리 왔다.

알려주신 단지들을 걷는 동시에 시세를 찾아보았다. 항상 스터디원들이 찾은 정보를 흡수했던 수동적인 자세에서 모든 걸 나 혼자 해내야 하는 능동적인 자세로 나 자신을 만들어 가고 있었다.

단지 임장은 실거주자인 것처럼 연기하면서 구경할 수 있었지만 아무래도 부동산 임장은 혼자서는 무리였다. 그래서 부동산 임장은 나중에 꼭 해야지! 라고 생각하고 돌아가려는 찰나, 조장님에게 연락이 왔다.

"크로님 잘하고 있어요? 부동산 가봤어요?"
"어...저 부동산은 안갔어요."

"에이 부동산을 가야죠!! 할 수 있어요. 가보세요. 궁금한 거 있으면 바로 물어봐요."

그렇게 용기를 내어 내 손으로 부동산 문을 열고 들어간 첫 발걸음을 내딛는 순간, 시간을 되돌리고 싶었다.

"안녕하세...요..."

"안녕하세요! 매물 보시려구요?"라는 말과 함께 소장님께서 내 앞에 앉으셨다.

'어라...? 어리다고 무시할 줄 알았는 데 바로 자리에 앉으라고 해주시네?'

현재 가진 돈인 시드머니 약 7천만 원을 말씀드리자 그 돈으로 살 수 있는 매물들을 브리핑 해주셨다. 자연스럽게 물꼬를 트니 어렵지 않게 대화를 이어갈 수 있었다.

"이거 급매라서 빨리 결정하셔야 해요. 다른 분들이 가져갈 수 있어요."

"잠시만요! 사실 제가 투자물건을 보러 오긴 한건데, 잘 몰라서 스터디원들한테 여쭤볼께요."

궁금한 점이 있으면 카카오톡으로 실시간 여쭤보았고 감사히 바로 바로 피드백이 와서 "매수하지 않는다."로 결론을 짓고 부동산 방문에 대한 자신감이 생겨, 돌아가야 할 버스 시간이 될 때까지 부동산을 열심히 돌았다. 지금 와서 생각해 보니, 모든 게 처음이었던 임장경험이 아직도 기억 속에 강하게 남아있다. 이 자리를 빌어 조장님께 감사드린다.

그 후로 시간이 약 1주 지났을까 출장을 갔다가 시간이 남아 아쉬운 마음이 들어 경매가 취하된 대장 아파트를 보러 갔다. 지금 생각해 보면 절대 하지 말아야 할 물건과 사랑에 빠졌던 것 같다. 나 홀로 부동산 방문을 청주 때 경험해서 그런지 부동산을 혼자서 들어가는 건 이제 해볼만하다는 생각이 들었다.

"안녕하세요."

"안녕하세요. 매물 찾으시나요?"

"아 저기 단지 매물 시세 얼마 정도해요?"

"아 지금 3억 후반~4억 대 정도 해요. 근데 저거 매수하기보다는 분양권이 낫지 않아요?"

"분양권이요?"

"네. 시드머니 약 7천만 원이면 지금 매수 가능해요. 한번 보여드릴까요?"

그렇게 대장 아파트와 입지를 공유하는 분양권 전매가능한 단지들을 보고 왔다. 내가 경매로 받으려고 했던 곳보다 훨씬 더 좋은 브랜드에 대단지였다.

부동산 단톡방에서 유독 부동산 정보를 많이 공유해주시고 활발히 활동하는 분이 계셨다. 무슨 용기인지 모르겠지만 오픈 톡방으로 연락을 드렸다.

"안녕하세요. 부동산 톡방에 함께 참여하고 있는 크로입니다. 혹시 괜찮으시다면 부동산 투자 관련해서 고민이 있는데 조언 구해도 될까요."

생각보다 답이 빠르게 왔다.

"네. 제가 운전 중이라서 이 번호로 전화 주세요."

"오 감사합니다!" 그렇게 전화를 드렸고 친절하게 상담을 해주셨다.

하지만 그렇게 상담을 받고도 마음의 결정을 못하고 열심히 고민만 하고 있었다. 역시 뭐든 처음은 어렵다.

'경매로 첫 투자를 생각하고 있었는데 생각지도 못한 분양권 투자라니... 너무 성급한 것 같아. 다시 경매 물건이나 알아보자' 그렇게 마음을 접고 경매 공부를 하려던 찰나 그분에게 연락이 왔다.

"크로님 계약하셨어요?"

"엇 아니요. 처음이라 그런지 많이 망설여지네요."

"음 제가 욕먹을 각오로 말씀드릴게요. 그 단지 지금 굉장히 저렴해요. 입주 시기 때 최소 5천은 벌 수 있어요. 용기 내세요."

지금 내가 막연한 불안감과 신중함을 구분하지 못하고 있나라는 생각과 함께 부동산 투자에 "무조건"이라는 건 없다라는 깨달음을 얻고 자세히 들여다보기 시작했다.

대장아파트의 전세가격과 신축아파트의 분양가가 동일했다. 구축아파트의 전세가격과 더 좋아질 신축아파트의 분양가가 같다는 건 후자가 저렴하다는 증거로 보기 충분했다.

"용기 내보겠습니다. 계약금 송금했습니다."

"잘하셨어요."

이렇게 나의 첫 부동산 투자는 "지방 분양권"이 되었다. 지방의 경우 수도권보다 탄탄한 수요층이 받쳐주지 않기에 부동산의 흐름이 중요한 지역이다. 내가 선택한 지역은 '원주'였다. 왜 하필 원주였을까? 투자자들이 선택하는 강원도 지역으로는 대표적으로 원주, 춘천, 강릉이다. (소액단타의 경우. 흐름이 좋으면 동해 등 소도시를 투자하는 경우도 보긴 봤다.)

원주와 춘천은 위치상으로도 인접할 뿐만 아니라 인구, 일자리 등 다른 요소를 보더라도 비슷한 요소가 많기에 두 지역은 시세를 함께하는 비교지역으로 묶인다. 매수 시기였던 20년 후반, 춘천은 4억 중후반~5억 초반의 시세를 형성하고 있었지만 원주는 3억 초중반에 형성되어 있었다. '이건 기회다'라는 생각과 부동산스터디에서 인연을 맺게 된 분의 조언이 합쳐져 과감히 매수를 결정했다. 지금 현 시세는 조정을 받아 4억 중반대이다.

사실 내가 매수하고 나서 1개월 뒤 갑자기 프리미엄이 두 배 이상 뛰어서 배액배상 직전까지 가기도 했었다.

"안녕하세요 사장님. 저 부동산소장인데요. 매도자가 프리미엄이 갑자기 올라서 조금 더 받고 싶어 하셔서요. 안 그럼 그냥 계약금 2배 돌려주고 계약 파기하신다네요..."

"네...?"

'이런 경우가 첫 투자에 생기다니...매도자 너무하네...'

염치를 무릅쓰고 다시 스터디원에게 조언을 구했다.

"안녕하세요 크로입니다. 배액배상을 요청하셔서요. 어떻게 해야 좋을까요?"

"그렇게 많이 프리미엄이 올랐어요? 잠시만 확인해볼게요. (확인

후) 하하 진짜 많이 올랐네요. 그 금액만큼 더 주셔도 이익 나실 것 같은데요? 주셔도 될 것 같아요. 잘 생각해보세요."

"네!!"

매도인이 추가로 요구한 금액을 더해서 이익을 계산해보니 말씀하신대로 손해볼 건 없었다. 오히려 배액배상 이야기가 나오게 되면 잘 산거라는 스터디원의 위로를 받으며 추가로 매도인에게 프리미엄을 주었다.

나중에 중도금대출금 승계와 명의변경을 마치고 너무 감사한 마음에 밥을 사드리고 싶다고 연락을 드렸다.

그때 만나서 해주신 이야기를 아직도 잊지 못한다.

"크로님 그 당시 저한테 투자 조언을 정말 많은 사람들이 구했거든요? 생각하신 것보다 많이요. 그런데 딱 두 분만 그 이후로 더 연락오셨어요. 즉 나머지 분들은 망설이다가 기회를 놓치신 거죠. 그리고 크로님처럼 연락주신 분은 결국 매수 포기하셨어요. 결론적으로 크로님만 용기내셔서 투자하신 거에요. 용기내기가 쉽지 않아요. 정말 잘하셨어요."

스터디원분들의 조언도 있었지만 다른 사람들과 다르게 내가 용기낼 수 있었던 이유는 무엇일까? 그건 바로 투자할 용기를 낼 수 있게

나 자신이 납득이 될 만한 근거들을 계속 찾았던 것이다. 그래서인지 두 번째 투자도 용기내어 분양권 투자로 이어갈 수 있었다.

부동산 가격은 절대적이기보다 상대적일 때가 많다. 그냥 원주 분양권이 3억 초중반이라는 것과 입지가 비슷한 춘천은 4억 중후반~5억 초반인데 원주 분양권이 1억 정도가 더 저렴하다는 것을 비교해 볼 때, 투자 확신의 정도는 단연코 후자가 크다. 눈치챘는가? 매수하자마자 이득을 보는 투자의 전제조건은 다양한 지역에 대해서 공부를 하고 상급지, 중급지, 하급지를 구분할 실력을 갖는 것이다.

2. 감당가능한 투자

"투자는 절대로 무리해서는 안된다."
"영끌족, 파산위기를 겪다."

현재 부동산 시황이 좋지 않아, 포털창에 "부동산"이라고 검색하면 어렵지 않게 만나볼 수 있는 기사들이다. 몇 개월 전만 해도 투자처를 알려주고, 벼락거지라는 신조어가 탄생할 정도로 부동산 불장이었던 상황이 믿기지 않을 정도이다.

부동산이 아니더라도 일상생활에서 자동차 등 사치재를 구매할 때

무조건 비싼 것을 선택하는 것이 아니라 할부금, 월급 등을 고려해서 최종결론을 내리곤 한다. 부동산은 인생에서 구매하는 재화 중에 가장 비싸다고 해도 과언이 아니다. 사회 초년생 때는 대학생 시절 모아놓은 돈이 없다면 통장잔고 0에서 월급으로 투자를 시작할 수 밖에 없다. 여기서 현실의 벽을 느낀 MZ세대들은 "재테크를 하고 싶어도 돈이 없어요..."라고 신세한탄을 하곤한다. 나도 느낀 감정이라 공감하지만 현실이 이런 걸 어떻게 하겠는가.

"재테크할 돈이 없다." MZ세대들이라면 깊은 공감을 할 것이다. 정말 거짓말하는 것이 아니라 수중에 돈이 부족하긴 하다. 하지만 그 와중에 악착같이 모아 종잣돈으로 사용하는 사람들은 당연히 있다. 사실 돈을 모은다는 강렬한 의지만 있다면 불가능할 것도 없다.

지금과 같은 부동산 하락 시기에 부동산 투자공부를 시작하는 사람들은 이 상황이 참 답답할 수도 있다. 하지만 나는 오히려 이 시기가 더 공부하기 좋은 시기라고 생각한다. 조급함이 사라지기 때문이다. 무엇보다 부동산 시장 분위기가 안 좋기 때문에 정부에서 취득세 등 각종 부동산 규제완화정책을 풀어주기 시작한다. 이를 잘 활용하여 무리하지 않고 본인 수준에 맞는 투자로 시작할 수 있다.

가장 좋은 방법은 종잣돈을 모으고 시작하는 투자가 제일 좋겠지만, 확신이 있다면 신용대출 등을 통해 시드머니를 좀 더 확보한 뒤,

투자하는 방법도 있을 것이다. 그러나 "연봉만큼 시드머니가 모이면 그때 투자해라!"라고 말해주고 싶다.

부동산 세계에서는 사람 유형을 총 4가지로 나눌 수 있다. 돈 없는 투자 초보자, 돈 있는 투자 초보자, 돈 없는 투자 고수, 돈 있는 투자 고수. 이 4가지 유형 중에서 가장 베스트는 돈 있는 투자고수이다. 그렇다면 가장 워스트는? 바로 돈 있는 투자 초보자이다. 이럴 경우 마음이 조급해지고 욕심이 나기 때문에 사기를 당할 확률이 높다. 차라리 돈이 없는 걸 감사하게 생각하면서 돈을 불리는 동시에 공부해보는 건 어떨까? 연봉만큼의 시드머니라고 정한 이유는 한 번의 돌이킬 수 없는 실수로 부동산 투자세계를 떠나게 되는 안타까운 사람들의 사례를 많이 접했기 때문이다. 감당가능한 투자, 실패와 실수를 경험으로 삼아 도약할 수 있는 투자를 권한다. 부동산 수업 첫 주차 때 강사분이 하셨던 이야기가 아직도 내 머릿속에 맴돈다. "시간이 지나면 눈이 반짝반짝 빛나는 여러분들 중 한 두명만 남고 다 사라질 것입니다. 버티세요. 사라지지 않으면 승리합니다."

감당가능한 투자가 왜 중요한지 깨달았던 경험이 있다.

분양권 잔금일 날, 이체를 위한 만반의 준비를 하고 있었다.

부동산 소장님께 연락이 왔다.

"크로님 오전에 전세보증금이 입금될 거에요. 금액 맞는지 확인하시고 잔금상환 완료하신 후에 저한테 연락주세요."

"네 알겠습니다."

전세보증금 이체를 알리는 알림문자가 오기 시작했다. 이렇게 큰돈이 통장에 꽂힌 적이 없었기 때문에 자연스레 긴장하기 시작했다.

'금액이 맞는지 잘 확인하고 침착하게 잔금상환을 진행하자' 콩닥거리는 마음을 부여잡고 금액을 확인하였고 이제 잔금을 상환할 차례였다.

중도금대출, 선수관리비 등 금액과 계좌가 각기 상이했기에 여러 번의 확인 후 계좌송금을 진행하고 있었다.

'A는 이체완료, B는 이체완료, 이제 마지막으로 이체하면 끝나네!'

그렇게 통장잔고를 봤는 데 순간 이체금액 3백만 원이 부족했다. 이게 뭐지...? 계산을 몇 번이나 했는데 왜 돈이 부족하지...? 순간 너무 당황해서 몸이 굳는 듯한 느낌을 받았다.

이체를 잘못했나 확인하고 검증하는 과정을 시작했고 생각보다 오래걸린다고 생각했는지, 부동산 소장님에게 연락이 왔다.

"크로님 이체 다 완료하셨나요?"

"네네 거의 다 했어요! 잠시만요."

정말 너무 당황스러워서 검증과정까지 거쳤지만 그래도 3백만 원이 부족했다. 순간 아찔했고 이체완료를 기다리는 소장님과 세입자의 얼굴이 스쳐지나갔다.

'계산은 제대로 했는데 뭐가 문제인 걸까?'

알고보니 계약금의 일부를 다른 계좌에 넣어놓고 있어서 잔고가 부족했던 것이었다. '와 진짜 다행이다'

그렇게 문제없이 잔금을 치룰 수 있었다.

"소장님 이체 완료했습니다! 납부증명서 등 들고 연락드릴께요."

"네 알겠습니다."

무사히 입주증 발급과 키불출을 마치고 집에 돌아와 다짐을 하였다.

'예상 대출 금액보다 적게 나오거나 전세를 생각보다 낮은 금액으로 세팅하게 되면 정말 아찔하겠구나, 무리하지 않게 자금계획은 보수적으로 세워야겠다'

이렇듯 감당가능한 투자는 정말 중요하다.

CHAPTER 16

5단계 손품보고서 작성방법

"현장임장을 가기 전, 필수코스!"

손품? 손품이란 현장임장(이하 발품)을 하기 전에 선행학습과도 같은 행위를 말한다. 우리가 새로운 지역에 가서 여행을 갈 때면 관광지, 맛집 등을 사전에 먼저 찾는 것과 같다. 해외여행을 가는 데 그냥 무작정 비행기 타고 즉흥적으로 즐길 수도 있지만, 장소 시간 등 계획을 짜고 여행을 갈 때 더 기억에 남고 기대되는 법이다. 내 머릿속의 상상과 생생함이 느껴지는 현장을 비교한다고 보면 된다.

요즘 유행하는 MBTI 유형 중 무계획형 "P" 분들은 계획 및 사전조사를 하라는 말에 벌써 고개를 절레절레 흔들고 있을지도 모르겠다. (웃음) 계획형인 "J"성향인 나조차도 손품은 발품보다 상대적으로 흥미도가 떨어지는 건 사실이다. 하지만 손품을 하고 가면 '아는 것이 힘이다'라는 걸 온몸으로 체감할 수 있으며 눈으로 보이는 단편적인 것만을 바라보는 것이 아니라 미래가치 등 호재들을 상상하면서 제대로 공부할 수 있게 된다. 예를 들면 검단신도시, 마곡지구와 같이 대규모 택지개발의 경우 이제 막 개발을 시작하여 저렴한 가격을 형성할 때 손품 없이 발품을 하면 휑한 모습에 실망하고 돌아올지도 모른다. 하지만 손품을 한 사람은 상상력을 발휘한다. '지금은 이런 모습이지만 나중에는 얼마나 멋있게 변할까.' "장화 신고 들어왔다가 구두 신고 나간다." "부동산은 상상력이다."라는 말이 괜히 있는 것이 아니다.

자 이제 손품을 해야 하는 동기부여가 생겼는가? 나의 경우 손품의 목차는 크게 2가지로 구성하여 작성하고 있다. 첫 번째 지역분석, 두 번째 입지분석이다.

먼저 첫 번째 지역분석이다. 이 테마는 "행정구역, 인구현황, 소득수준, 정부계획" 4가지로 구성되어 있다.

행정구역 알아보기!

행정구역을 알아보는 이유는 같은 지역이라도 세부적으로 들어가면 동마다 선호도의 차이가 있기 때문이다. 지방의 경우, 상대적으로 수도권에 비해 시장흐름에 영향을 많이 받기에 보통 대장 상급지에 투자하는 것이 안전하다. 단 대장상급지가 이미 적정가격 대비 고평가일 경우 타 지역으로 눈을 돌리거나 신중하게 접근하는 것은 필수이다.

행정구역을 살펴보는 방법은 먼저 나무위키에 알아보고 싶은 지역을 검색한다. 아예 한 번도 가보지 못한 지역의 경우, 나무위키에 나온 내용을 개괄적으로 훑어보는 것도 추천한다. 행정구역을 살펴보며

생활권, 동마다 특성에 대해서 감을 잡는 것이 포인트이다.

다음으로는 행정구역 중 대장상급지를 알아내는 것이다. 이때는 보통 부동산 지인을 활용한다. 부동산 지인→지역분석→지역선택→지역의 현황(가격)을 선택하면 행정구역을 가격별로 정리해준다. 가장 가격이 높은 쪽으로 배열된 동이 대장상급지라고 보면 된다.

마지막으로 호갱노노 부동산 앱 기능 중 분위지도를 통해 대장상급지 아파트들을 확인한다. 평당가격이 4개 단계로 구분되어 있고 색으로 지도에 표시되어 있어 직관적인 확인이 가능하다. 나의 경우 한 번도 가보지 않은 지역에 임장을 갈 때는 대장 상급지부터 방문하여 그 지역의 분위기를 느끼곤 한다.

인구 현황 알아보기!

인구 현황을 알아보는 이유는 인구수가 증가한다는 것은 공급물량에 대한 수요가 있다는 뜻이기 때문이다. 투자하려는 지역에 인구수와 세대 수가 줄어들면 가격에 영향을 미칠 수밖에 없다. 부동산은 곧 심리기에 수요와 공급이 중요하다. 특히 수요는 매수심리로 이어져 부동산 가격에 영향을 주게 된다.

그렇다면 인구 현황은 어떻게 알아볼까?

가장 간단한 방법은 포털사이트 검색창에 "00시 인구수"라고 치면 바로 나온다. 다양한 지역을 묶을 때도 인구수에 따라 묶고 비교지역으로 선정한다. 인구수와 증감추이를 확인했다면 인구 이동을 보는 것이 중요하다. 왜냐고? 예를 들면 대구와 구미, 부산과 창원, 김해는 서로서로 영향을 줄 수밖에 없다. 부동산지인 인구 탭에 들어가면 인구이동이 있다. 이때 언급할 공급물량에 인구이동 요소는 굉장히 중요한 데, 그 이유는 공급 부분에서 더 자세히 설명하도록 하겠다.

부동산도 재화의 일부이기에, 충분히 가격에 메리트가 있는 대체재가 있다면 그쪽으로 수요가 이동하기 마련이다. 그렇기에 투자하려는 지역뿐만 아니라 인구 유출입 등을 확인하여 인접 지역의 수요도 잘 봐야 한다.

소득수준 알아보기!

소득수준은 쉽게 말하면 그 지역의 근로자들이 평균연봉이 얼만지를 파악하는 것이다. 왜 이러한 작업을 할까? 답은 간단하다. 부동산 투자로 시세차익을 벌기 위해서는 내가 산 금액보다 더 비싼 금액으로 받쳐줄 사람이 있어야 가능하다. 그렇기에 형성된 시세를 감당하면서 부동산을 매수할 사람들의 정도가 중요하다. 소득수준은 호갱노노 앱을 이용하여 알 수 있다.

아까 언급했던 분위지도를 보면 높은 평당가를 이루고 있는 동이 일반적으로 거주민들의 소득수준도 높다는 것을 알 수 있을 것이다. 소득수준이 높은 이유는 그만큼 양질의 일자리가 그 지역에 있기 때문이다. 일자리도 정말 중요하다. 사업체 수의 전체 숫자도 중요하지만 500인 이상 기업체의 수를 확인하는 것은 더 중요하다. 그만큼 사업체 규모가 크다는 것이고 그건 모두가 선호하는 일자리를 제공할 수 있는 회사라는 뜻이기도 하기 때문이다.

보통 광화문, 강남, 여의도 3개 업무중심지로 출퇴근하는 사람들이 모두 서울에 거주하지 않는다. 아니 거주할 수 없다. 왜냐면 수요대비 공급이 턱없이 부족하기 때문이다. '직주근접'이라는 말이 괜히 있는 것이 아니고, 무엇보다 일자리가 풍부한 강남 광화문 여의도의 부동산 가격이 높은 이유가 바로 이것이다. 마곡지구도 일자리가 형성된 이후로 가격이 천정부지로 솟았다. 일자리 증가 → 수요증가 → 매수심리증가 → 공급부족 → 가격상승 이 흐름을 보일 수밖에 없다.

마지막으로 정부계획이다.

'장화 신고 들어가서 구두 신고 나온다.'라는 말이 괜히 있는 게 아니다. 부동산은 상상력이 중요하다. 현재의 모습이 아니라 미래의 모습이 어떠할지 상상하면서 접근해야 한다. GTX 등 교통노선계획이 나오면 들썩이는 이유가 이것이다. 부동산 박람회에서 부동산 교통망 호재 수업을 들은 적이 있는데, 전문가분들도 동일한 얘기를 하셨다. "부동산 교통망 호재는 계획발표 시, 착공 시, 준공 시에 가격에 영향을 준다." 신도시의 경우 초반에 가보면 정말 허허벌판이다. 야심찬

정부계획을 공부한 사람들은 미래의 모습을 그리면서 값싼 가격에 선점한다. 반면 정부계획을 공부하지 않은 사람들은? '이런 허허벌판인 곳을 이 가격으로 산다고?'라는 거부감에 기회를 놓치고 만다.

인천 검단신도시를 임장한 경험에서 많이 느낄 수 있었는데, 임장 당시 1호선 인천도시철도 연장으로 현재 공사 중이었다. 부동산 소장님께서는 2년 전, 많은 투자자들이 공급물량이 많을 때 값싼 가격으로 이미 들어왔다고 말씀해주셨다. '와...... 정말 발 빠른 사람들은 참 많구나...!!' 집으로 돌아가는 길에 실거래가 확인을 해보니 소장님 말씀대로 2년 전에 4억대에 하루에 엄청 많은 양의 거래가 이루어진 것을 볼 수 있었다. 지금 시세는? 현재 8억대의 시세를 이루고 있다. 2년 만에 불가 4억의 시세차익이라...... 역시 기회는 먼저 찾는 사람에게 돌아간다. 그리고 그게 자본주의이다.

두 번째는 입지분석이다. 이 테마는 직장, 공급, 학군, 환경이다.

직장은 아까 언급했지만 입지분석에서 또다시 언급할 정도로 정말 중요하다. 단순히 일자리 절대적인 개수를 파악하면 감이 안 올지도 모른다. 그럴 때는 인구수가 비슷한 다른 지역과의 상대적인 개수를 통해 감을 익히면 된다. 예를 들면 인구수 35만인 원주의 경우 500인 이상의 사업체 수는 12개이다. 인구수 28만인 춘천의 경우 0개, 인구수 34만인 진주의 경우 3개이다. 이렇게 인구수가 비슷한 지역들과 비교해 보면 일자리의 정도가 많고적음을 알 수 있다.

그 다음으로는 공급이다. 공급은 인구유출입 지역과 함께 보는 것이 좋다. 예를 들면 원주의 경우 인구유출입이 지리적으로 인접한 춘천시와 횡성군이 가장 높다. 그렇다면 원주 자체의 공급량뿐만 아니라 춘천시와 횡성군의 공급물량도 함께 파악하여 인구수 대비 적정물량인지를 판단하면 된다. 부동산지인의 인구 탭을 이용하면 된다. 인구플러스를 사용하면 최대 3개 지역까지 비교분석이 가능하다.

수도권 대비 지방, 소도시의 경우 수요 대비 공급물량이 너무 많으면 악성인 준공 미분양이 나는 경우도 있다. 분양권 투자의 경우 마이너스 프리미엄으로 내가 매수했던 금액에다가 내 돈을 더 얹어서 팔아야 하는 리스크도 있기에 신중하게 접근해야 한다. 지방의 경우 매도전략을 잘 세워야 하는 데, 보통 매수 후 일반과세가 되는 2년 후에 매도하는데, 그때 공급물량이 많으면 계획대로 매도가 원활히 이루어지지 않을 수 있다. 부동산 투자에서 매수가 제일 쉽고 매도가 젤 어려운 단계이다. 시세차익도 매도 후에 실현가능한 시드머니가 되기 때문이다.

그 다음으로 학군이다. 학군이 중요한 이유는? 대한민국의 경우 학구열이 정말 뜨거운 나라 중 하나이다. 맹모삼천지교라는 말이 있듯 자녀를 둔 학부모의 좋은 학군을 획득하기 위한 열기는 뜨겁다. 임장을 가봐도 선호 초등학교를 보내기 위해 생애주기에 맞춰 이사하는 사례도 봤었고, 배정초등학교의 선호도에 따라 가격 차이가 몇천씩 차이나는 사례도 만났다.

이러한 학군은 아실 앱에서 확인가능하다. 원하는 단지를 선택하면 주변 학군 정보가 나온다. 그 지역의 중학교 학군 성취도가 나오는데, 보통 90% 이상이면 매우우수, 80% 이상이면 우수, 그 이하는 보통이라고 분류한다. 평촌, 분당, 강남 등 학원가가 잘 되어있는 곳들의 학군이 대체적으로 높은 편이다.

마지막으로 환경이다. 환경은 주변 인프라를 의미한다. 단지 주변에 백화점, 대형마트 등 선호시설이 있는지 확인하는 것이다. 보통 도보권이면 가장 좋고 1km내에 들어가면 인접한 것으로 보는 편이다. 임장을 하다보면 처음에는 단지 내를 중점적으로 관찰했지만 현재는 주변 상권을 더 눈에 담기 위해 노력한다. 단지는 신축이라면 요즘은 단지 내 조경, 커뮤니티 시설이 잘되어있다. 흔히 "입지가 좋다."라는 말은 주변 인프라 등이 좋다는 이야기이다. 그만큼 인프라의 중요성은 아무리 강조해도 지나치지 않다.

CHAPTER 17

6단계 전화임장

"부동산 방문해서 할 말 없으면 어떻게 해?"

"부동산 가서 망신당하면 어떻게 해?"

부동산 투자의 필수요소는 "임장"이다. 하지만 현장을 방문해서 부동산 문을 열고 들어가기란 쉽지 않은 일이며 난생 처음 부동산을 방문했을 때의 뻘쭘함과 무서움은 겪어본 자만이 알 것이다.

나이가 어리다는 이유로 눈길조차 안 주셨던 소장님도 계셨고 매물 없다고 딱 잘라 말씀하셨던 소장님도 계셨으며, 굉장히 불친절하게 응대하시는 소장님도 만났었다. 물론 감사히 대다수의 소장님들은 친절하신 분들이었다. 용기 내어 들어간 부동산에서 만난 소장님이 나와 맞지 않는다면 단호하게 나오면 된다. 그리고 다음 할 일은? 바로 옆 부동산을 들어가는 것이다. 그럼에도 불구하고 부동산 임장이 마냥 어렵게만 느껴지는 분들에게 "전화임장"을 추천한다.

1. 목표정하기

전화임장 목적은 크게 2가지이다. 첫째 매물임장을 함께할 친절한 중개사님 찾기, 둘째 매매&전세 시세 및 매수&매도문의 등 전반적인 분위기 파악하기.

2. 조건 정하기

아래와 같이 조건들을 정한 후, 전화임장을 시작한다.

1) 투자가능한 가용예산 설정 (네이버부동산 매물을 보고 매수가능 예산으로 맞추는 편이다.)

2) 포지션 정하기 : 실거주 vs 투자(실거주로 돌릴 예정이라면 몇 년 뒤 입주예상인지)

3) 해당 지역에서 원하는 동네

4) 평형, 층수, 방향 등 세부적인 내용

3. 본격적으로 전화임장하기

1) 시작 : 네이버부동산에 관심 있는 매물을 올려놓은 부동산 중개소에 전화한다.

"안녕하세요~ 00동 00호 매매가 00에 매물 올라와 있는 거 보고 연락드렸어요. ~ 실거주 or 투자로 매수하고 싶어서요. or 전세 구하고 싶어서요."

2) 매매시세&전세시세 : 호가와 실제 시세와의 차이를 파악한다.

"네이버부동산에 전세호가가 00라고 올라와있는 데, 실제로도 그렇게 나가는 편인가요? 가격 협상이 가능한가요? 수리는 어느 정도 되어있나요?"

3) 분위기 : 매매와 전세가 잘 나가는지 등 지역 분위기를 파악한다.

"투자하려고 하는데, 잔금 전까지 전세 구할 수 있을까요? 보통 시세가 어느 정도에 형성되어있나요?"

4) 단지 정보 : 학교, 상권, 주차 등 생활환경에 대한 전반적인 사항들을 문의한다.

"이 단지는 00학교 가는 거 맞나요? 학군 선호도는 어떤가요? 로얄동은 어딘가요? 주차는 어떤가요?"

5) 물건 문의 : 가격협상 가능성(매도자의 상황파악), 다른 추천 물건 등을 파악한다.

"호가 00에서 조정가능할까요? 이 물건은 왜 파시는 건가요? 혹시 00투자금으로 다른 물건 추천해 주실만 한 거있으세요?"

4. 전화임장을 통해 본인과 잘 맞는 소장님과 현장 매물 임장을 위해 약속잡기

현장에서 볼 매물들을 정리해서 문자로 보내달라고 요청드린 후, 소장님과의 약속시간 전에는 그 단지 주변 분위기 임장을, 약속시간에는 매물임장을 통해 또 한 번 보면서 매물에 대한 적절성을 판단한다.

전화임장을 하는 이유는?

1. 더 많은 매물을 보기 위해서

무작정 현장방문을 하면 매물을 보지 못할 확률이 높다. 특히 코로나19 이후 사정상 집을 적극적으로 매도하려는 집주인을 제외하고 세입자일 경우, 갑자기 요청하면 경우 집을 보여주는 경우는 극히 드물다. 또한 직장인 투자자의 경우, 매물임장은 보통 주말에 하는 데, 날씨가 좋은 날일 경우 매물을 내놓은 분들이 외출을 많이 하셔서 보기가 힘들다.

2. 본인이 원하는 매물을 보기 위해서

전화임장을 하지 않고 가면, 본인이 원하는 매물이 아닌, 부동산 소장님의 이해관계가 담긴 본인 물건부터 소개해 주실 확률이 높다. 투자를 막 배우기 시작했을 때, 시간관계상 전화임장은 못하고 특정 단지의 매물을 보여달라고 했지만, 이미 그 단지는 가격이 오를 대로 올랐다면서 다른 곳을 추천해주신다는 친절함에 속아 제안을 승낙했다. 하지만 초보자의 눈에도 그 매물은 메리트가 없었다. 역과의 거리 25분, 언덕, 주변 인프라 전무, 학교도 도보권이 아니었다. 이 경험을 통해 매물을 많이 보는 것이 마냥 좋은 것은 아니고 오히려 내 소중한 시간을 뺏기는 일일 수도 있겠다는 생각이 들었다.

이렇듯 전화임장은, 중개사를 통해 실제 거래가능한 가장 좋은 물건을 확보하기 위한 기초이자 중요한 단계이다. 현장임장을 하기 전, 전화임장을 먼저 해보는 것을 추천한다.

CHAPTER 18

7단계 분위기 임장

분위기 임장이란 그 지역에 대해서 가볍게 훑는 임장을 말한다. 투자공부를 하다보면 부동산 시장 흐름에 따라 평소 아예 모르던 지역이 최고의 투자 타이밍이 되는 경우가 종종 있다. 이런 경우 아예 모르는 상태에서 지역을 방문하는 것 자체가 어려움이 있을 수 있다.

학창시절을 떠올려보자. 새 학기가 되면 새로운 친구들을 만나게 된다. 학기 초반은 일명 탐색기이다. 우리 반에는 어떤 유형의 친구들이 있으며, 반 분위기는 어떤지 등을 전체적으로 파악한다. 그러다 어느 정도 적응하다 보면 본인과 잘 맞는 친구들과 더 깊은 관계를 맺게 된다.

부동산 투자도 마찬가지이다. 새로운 지역을 임장할 때 시간이 충분하다면 단지들을 먼저 보는 것이 아니라 일단 지역 전체적인 분위기를 느끼는 것이 중요하다. 거리상 너무 먼 지역의 경우는 물리적인 제약으로 분위기임장과 CHAPTER 19. 매물임장을 함께 병행해야하지만 그렇지 않은 경우에는 분위기 임장부터 하는 걸 추천한다.

그렇다면 분위기 임장은 루트를 어떻게 형성하는가?

일단 대장동부터 간다. 대장동을 알 수 있는 방법은 총 3가지이다. 첫째 부동산지인-지역분석 탭에서 원하는 지역을 선택하여 "가격" 순위로 나열한다. 둘째 아실-최고가 아파트로 검색해서 가격이 높은 아파트가 많이 속해있는 동을 추린다. 셋째 호갱노노-분위지도를 통해 상대적으로 평당가격이 높은 동을 찾는다.

대장동을 먼저 가는 이유는 그 지역이 분위기가 좋을 때 올라갈 수 있을 아파트 가격의 최대치가 곧 대장동의 최고가 아파트 시세이기 때문이다. 아무리 그 지역의 분위기가 흐름상 좋다해도 만약 눈여겨 본 단지가 5억인데, 대장동의 최고가 아파트가 6억이라면? 보수적으로 잡아도 약 1억 원의 시세차익의 효과만을 생각할 수 있다. 대장동의 최고가 아파트는 시세를 리딩하기에, 대장동의 랜드마크 아파트의 매매가 및 전세가 가격추이는 항상 살펴야 한다.

분위기 임장을 할 때 포인트는?

상권 등 인프라, 유동 인구의 나이대와 가족 구성 형태를 본다. '내가 실거주라면 살고 싶은 곳인가?' '단지 주변 인프라와 단지와 학교와의 거리 등을 고려했을 때 내 아이를 여기서 키우고 싶은가?'라는 생각을 하며 초등학교 자녀를 둔 아이 엄마의 시선으로 임장을 한다.

상대적으로 신도시, 신축이 많은 아파트를 임장하면 놀이터, 단지내 상가, 길거리 등에서 학부모와 아이들을 쉽게 볼 수 있다. 특히 에듀타운이라고 단지명이 되어있는 곳은 주변에 유해시설이 없고 학부모들이 선호할 만한 학원 등의 상권으로 이루어져 있다. 먹자골목, 유흥 시설이 많은 곳보다는 당연히 이런 곳이 더 선호도가 높다. 선호도가 높다는 것은 매수 후 전세를 경쟁력 있게 맞출 수 있다는 신호이다.

분위기 임장을 통해 전체적인 그 지역의 느낌을 파악했다면 이제 매물 임장으로 그 지역을 자세히 볼 차례이다.

CHAPTER 19

8단계 매물임장

매물임장은 본격적으로 매수의향이 있는 아파트를 보러 가는 임장을 말한다. 매물임장을 하는 목적은 크게 2가지이다. 첫째 연식이 오래된 구축을 매수할 의향이 있을 때와 둘째 가격이 높은 대장가격의 분위기를 알고 싶을 때이다. 첫 번째 경우는 공감이 가나 아마 두 번째 경우가 잘 와닿지 않을 것이다. 차근차근 알아보자.

첫째, 보통 입주한 지 5년 이하면 문제가 없기에 매물임장의 중요성이 상대적으로 감소할 수 있지만, 입주한 지 10년, 20년, 그 이상 되는 구축 아파트의 경우 내부 상태가 제각각이기에 중요하다. 같은 시기에 입주했지만 인테리어를 새로 했을 수도 있고, 거의 집을 이용하지 않을 수도 있고, 미취학 아이들을 키우는 곳도 있을 수 있다. 이렇듯 매물이 여러 개인만큼 집 상태도 제각각이다.

보통 집주인이 계속 거주하다가 내놓은 집은 입주한 이후로 거의 리모델링을 한 적이 없는 경우가 대다수이다. 유행이 지난 벽지, 내부 화장실 등 정말 예스럽기 그지없다. 게다가 원래 구조를 개조한 상태로 거주한 경우도 종종 있기에 원상 복구할 목록들도 생각보다 많다는 점을 임장을 통해 알 수 있었다. 이럴 경우 투자금이 많이 들어가 예상 수익률 감소로 이어진다.

처음에는 구조변경, 추가옵션 등을 통해 예쁘게 해놓은 인테리어에 혹해서 좋게 생각했지만 투자할 아파트를 살 때는 취향에 매도까지 생각하면 호불호가 나뉘지 않는 기본 인테리어 상태가 더 나은 선택이라고 볼 수 있다. 인테리어가 잘 되어있는 곳은 취향을 탈뿐만 아니라 가격도 상대적으로 높기에 매매시장에서 리스크가 높다고 생각한다.

어떤 걸 체크해봐야 할까?

사실 매물임장을 가면 보통 세입자 또는 집주인이 집에 거주하고 있어서 샅샅이 살펴보기 죄송하기도 하고 부담스럽다. 하지만 부동산 거래는 우리의 인생에서 가장 큰 최대의 쇼핑이다. 본인만의 기준을 가지고 매물 임장을 신속하게 하지만, 정확하게 할 필요성이 있다.

투자자에게 가장 큰 관심사는 투자금과 수익률이다. 투자금이 적을수록 수익률은 높아질수 밖에 없다. 샷시 설치여부, 통풍, 누수흔적, 화장실 수리여부, 곰팡이흔적, 채광 등을 주로 본다. 나열된 것들을 체크했다가 부동산 사무실에 다시 돌아오면 소장님에게 질문을 한다.

"방금 보고 온 매물은 어느 정도 수리를 해야 할까요?"
"샷시, 도배는 해주는 게 좋아요."
"그렇게 수리하면 전세는 얼마 정도에 나갈 수 있을까요?"
"3.5억이면 경쟁력 있어서 바로 나가요."

잔금일까지 전세세입자를 구해야 하기에 매수할 때부터 내가 매수하고자 하는 매물상태가 가장 가격 대비 경쟁력이 있게 만드는 것이 중요하다.

두 번째, 가격이 높은 대장가격의 분위기를 알고 싶을 때 매물임장을 한다는 말이 잘 와닿지 않을 것이다. 실제로 내가 했던 방법인데 우리 같은 MZ세대 투자자들이 비싼 지역에 대장아파트를 구매한다고 하면 콧방귀도 안 뀌신다. 누가 봐도 젊고, 그만한 돈이 없을 것 같아 공부하러 온 느낌이 너무나 많이 난다. 그럴 때 쓰는 방법이다.

편의상 대장아파트를 A라고 하고 그 대장동에서 현실적으로 구매 가능한 아파트를 B라 하자.

상황 : 목적은 A의 분위기를 알고 싶다. 하지만 누가 봐도 실수요자 느낌이 나지 않는다.

방법1 : 투자모임에서 나이대가 있으신 분들과 함께 방문한다.

방법2 : B를 관심단지로 말문을 틔우고 A에 대한 정보를 알아낸다.

방법1은 혼자 임장을 갈 때는 쓸 수 없기에 보통 방법2를 선택한다. 부천 중동 임장을 갔을 때, 내가 알고 싶은 단지는 대장 아파트인 중동센트럴파크 푸르지오였다. 하지만 평균 시세는 10억 대였다. 20대가 10억아파트를 매수한다? 내가 봐도 실매수자처럼 보이지 않는다.

돈 있는 척 연기를 하라고 하시는 분들도 계시지만 내 성격상 나의 자금 여력상 터무니없이 가격이 높은 것들을 실수요자처럼 여쭤보기 너무 민망했다. 그래서 중동센트럴파크 푸르지오와 입지를 공유하는 미리내마을 10평대와 20평대의 매물임장을 했다. 매물을 10개정도 보여주셔서 정말 많이 도움이 되었다.

사실 그 지역에서 가격을 리딩하는 것은 대장아파트이지만 대장아파트가 너무 가격이 비싸거나 고점이라고 생각하면 주변 아파트에 관심을 갖는 것도 좋다고 생각한다. 부동산은 절대적인 것이 아니라 상대적이므로 대장아파트의 대체재를 찾는 사람들도 분명 많다.

매물임장을 하러갈 때, 차로 이동하는 중간중간 목적을 잊지 말고 중개사님들과 함께 하는 시간을 적극 활용해야 한다.

"혹시 중동센트럴파크 푸르지오는 지금 상황이 어때요? 매매, 전세 분위기가 좋나요? 최종목적지는 그 아파트여서 관심이 좀 많거든요!"

"지금 가진 돈으로는 못 사요."

"알죠. 그러니 열심히 돈 모아아죠(웃음). 선호도가 확실히 높나요? 전세는 호가에 00에 올라와 있는데 그 가격에 내놓으면 정말 나가나요?" 등등 이렇게 여쭤보시면 매물임장할 때는 다른 손님의 방해도 받지 않고 온전히 소장님과 일대일로 대화할 수 있는 시간을 확보할 수 있고 나에 대한 경계가 허물어졌기에 대답을 잘해주신다. 또한 투자마인드가 있는 소장님들은 MZ투자자들을 정말 기특하게 생각해주신다. 보통 대장아파트의 경우 신축인 경우가 많아 매물임장은 따로 할 필요가 없기에 이렇게 현장에 가야 비로소 알 수 있는 정보들을 수집하곤 한다.

CHAPTER 20

9단계 발품보고서 작성 방법

1단계로 손품을 했다면 2단계로 임장을 했고 그 다음 단계는 발품보고서이다. 아직 단계가 남았다는 사실에 절레절레하는 분들의 모습이 상상된다.(웃음) 이쯤되면 투자로 얻은 수익이 불로소득이 아니라는 사실을 인정할 수 있을 것이다.

임장을 다녀오면 이제 정리해야 한다. 임장이란 "손품으로 상상한 것을 발품으로 현실과 매칭시키는 것"으로 정의한다. 생각보다 임장을 다녀온 후, 휘발성이 강하기 때문에 어느 부분이 달랐고 어느 부분이 일치했는지 등 기록해야 한다.

발품보고서에는 어떤 내용이 들어가야 할까?

1. 현장 분위기(거주민, 상권 등)

요즘은 부동산 앱들이 너무 좋아져서 상권, 학원가 등 기본적인 내용들은 다 사전에 알 수 있다. 예를 들면 평촌학원가는 "평촌학원가"라는 버스정류장도 있을 정도로 굉장히 유명한 학원가이다. 손품을 통해 로드뷰, 학원가 개수 등을 보아도 규모가 어마어마하다는 것을 짐작할 수 있다. 어느 정도 학원가 규모가 크다는 것을 예상하고 갔는데, 실제로 평촌학원가를 직접 눈으로 담은 느낌은 많이 달랐다. 보통 학원가는 한쪽만 형성되어 있거나 군데군데 퍼져있기 마련이다. 하지만 평촌학원가는 양쪽 길이 전부 다 학원들이었다. 더불어 학원가에는 상권밀집도도 높았는데 테이크아웃점, 1인 보쌈집, 패스트푸드 등 고객 타겟층이 아무래도 공부하는 학생들이다보니 상권 특징이 명확했다. 실제로 유동인구도 백팩을 멘 학생들이었다. 단순히 사진으로 봤을 때와 직접 눈으로 담은 느낌을 차이가 나기 마련이다. 이런 생생한 임장 분위기를 기록해야 기억에 오래 남는다.

2. 동네 선호도

CHAPTER 18. 분위기임장에 서술했듯 평당가와 분위지도를 보면 어느 정도 동네 선호도는 예측할 수 있다. 하지만 손품에서는 왜 이 동네를 선호하게 됐는지 등의 정확한 내막은 알기 어렵다. 평촌 임장을 갔을 때, 임장의 중요성을 느꼈다. 흔히 새로운 지역을 가게 되면 동, 아파트별로 임장을 계획하는 경우가 많아서 나 역시도 그렇게 임장을 준비했다. 하지만 실제로 부동산을 방문해 보니 동, 아파트별로 구분하기보다 평촌은 00마을 이렇게 구분하여 전체적인 흐름이 더 중요하다고 말씀해 주셨다. 예를 들면 평촌의 평촌동의 00단지 이렇게 바라보는 것이 아니라, 평촌동은 목련마을, 향촌마을, 은하수마을, 한가람마을 이렇게 마을 4가지로 구분해서 시세 흐름을 파악하는 것이 더 유의미하다고 말씀해 주셨다.

이런 정보는 손품만 했을 때는 알기 어려운 정보이다. 선호도 순서는 목련마을>향촌마을>은하수마을>한가람마을 순인데, 목련마을은 학군의 큰 강점이 있어 선호도가 높으며 학교 배정이 단지의 선호도를 좌지우지할 정도라고 하셨다. 그만큼 평촌주민들의 학구열이 엄청나다는 것을 간접적으로 알 수 있었다. 향촌마을의 경우 학군은 목련마을보다는 상대적으로 약하지만 평촌중앙공원을 앞마당처럼 사용할 수 있다는 점과 학원가가 가깝다는 점이 강점이었다.

목련마을과 향촌마을 둘 다 선호도가 높은 이유는 "학군"이다. 평촌을 투자관점으로 들어간다면 학군과 학원가를 잘 고려해서 선정을 해야겠다는 확신을 얻게 됐다. 평촌임장 전 손품 순위에서 목련마을은 현재 매매가와 전세가의 갭이 많이 벌어져있어(그 당시 전세가율 40%) 투자후보군에서 아예 제외가 되었다. 현장을 통해 목련마을이 이렇게나 선호도가 높은 줄 몰랐다면 낮은 전세가율로 아예 투자 후보군에서 배제시켜 버리는 우를 범할 수도 있었다.

다행히 현장 방문을 통해 목련마을의 전체적인 전세가율이 현재 40%로 낮은 이유가 가파르게 오른 가격상승으로 매도매수자 모두 피로도가 누적된 상태라는 것을 알았기에 시세트레킹을 통해 투자타이밍을 잘 포착해야겠다고 배움을 얻을 수 있었다.

3. 현재 해당 지역 시세(실제 거래되는 매매가, 전세가 등)

손품을 하다보면 시세를 크게 2가지로 파악할 수 있다. 첫째 네이버 부동산을 통해 호가를 보며 시세를 파악한다. 호가를 보는 이유는 가격이 비싼 대장아파트의 경우 실거래가가 수개월 전이여서 현재 시세를 제대로 반영하지 못할 때가 종종 있기 때문이다. 둘째 네이버 부동산 또는 아실 등을 부동산 앱을 통해 실거래 시세를 파악한다. 실거래가격을 보는 이유는 거래량을 통해 그 지역의 분위기와 나와 있는 매물의 호가가 적당한 지 여부를 판가름할 수 있기 때문이다.

임장 후 정리해야 하는 것은 손품에서 알 수 있는 매매가, 전세가가 아니라 실제로 거래가 이루어질 수 있는 매매가와 전세가이다. 인천 검단신도시를 임장갔을 때의 일이다. 나와있는 매물이 실제로 거래가능성이 얼마 정도 되는지에 대해 여쭤보는 것으로 소장님과의 대화를 시작했다.

"이건 직접 찾아오는 사람들에게만 보여주는 매물인데..." 라고 하시면서 네이버 부동산에 나와 있지 않은 매물과 정보들을 알려주셨다. 덧붙여 "전화로 문의주는 분들한테는 이런 정보까지는 안 알려줘요."라고 말씀해 주셨다.

소장님 입장에서 봤을 때, 실제로 임장을 온 사람과 전화로만 임장을 한 사람 중 어느 쪽이 더 실수요자처럼 느껴질까? 당연히 전자이다. 이렇듯 현장에 나가야만 얻을 수 있는 정보들이 많다.

4. 기타(다른 지역과의 비교, 호재 등)

부동산 소장님도 자영업자이다. 즉 부동산 중개사는 중개를 한 대가로 수익을 얻는 업종이다. 그렇기에 경쟁 지역을 비교할 목적으로 현장을 방문하면 지역별 현재 상황을 객관적으로 파악할 수 있다.

일산 임장을 갔을 때의 일이다. 평촌과 일산은 1기 신도시라는 공통점이 있기에 비교목적으로 평촌임장 다음 바로 일산임장을 간 적이 있다.

일산 부동산에서는 "평촌은 너무 가격이 올랐어. 차라리 지금 일산에 싸게 선진입하는 게 훨 나아. 그리고 지금 매수자도 많이 없어서 매수우위시장이니까 가격적인 메리트가 커."라고 해주신 반면, 평촌 부동산에서는 "일산이 가격이 싼 이유가 있는 거야. 일산을 정비사업 선진입으로 들어간다? 그거 언제 진행될 줄 알고 기다려."

이 경험을 통해 해당 지역의 부동산 소장님에게는 호재 등을 포함한 그 지역에 대한 좋은 정보들을 얻고, 경쟁대상이 되는 타 지역의 경우 약간은 아킬레스건이라고 할 수 있는 정보를 얻을 수 있다는 것을 배웠다. 정말 같은 지역을 이렇게나 다르게 볼 수 있다는 사실에 너무 신기하고 재밌었다.(웃음)

PART 4

투자자로 산다는 건

CHAPTER 21

투자는 제2의 직업

어느 한 예능 프로그램에서 "워킹맘들은 스위치가 2개 있는 것 같아요. 하나는 회사원 모드 스위치, 나머지 하나는 육아와 집안일 하는 주부모드 스위치. 전 언제 쉬죠? (웃음)."

이 이야기를 듣고 직장인 투자자의 모습과 참 많이 닮았다는 생각이 들었다. 회사에서는 회사원 모드, 퇴근하고 집으로 돌아온 뒤에는 투자자 모드 스위치를 켜는 모습 말이다.

"투자는 제2의 직업이다."라는 말을 어떤 분은 격하게 공감하시는 분도 계실 테고 어떤 분은 그 정도는 아니라고 공감 못 할지도 모르겠다. 하지만 나에게 투자공부는 제2의 직업으로 자리 잡은 지 오래다. 보통 회사에서 승진하고, 능력을 인정받고 안정적인 월급을 위해서는 누가 뭐라 하지 않아도 참 열심히 회사 일을 한다. 반면 많은 사람들이 단기에 월급보다 더 많은 돈을 벌고자 하는 욕망대비 투자 공부는 열심히 하지 않는다. 공부하기보다 주위 사람들의 권유, 카더라 등 본인의 주관 없이 발만 담가놓은 상태일 경우가 많다. 내 주변에도 그런 분들을 많이 보았다.

냉정하게 생각해 보자. 당신이 투자를 하는 이유가 무엇인가? 직장일만 하기에는 너무 삶이 단조로워서? 천만에. 나를 포함한 대부분의 사람들은 월요병을 앓으며 기회만 된다면 퇴사를 꿈꾼다. 하지만 지금 회사를 그만두면 당장 먹고살기가 너무 각박해진다. 이런 현실을 벗어나고자 투자공부를 하는 것 아닌가? 즉 투자는 '한 번 해볼까?'라는 안일한 생각에서 벗어나 '생계형 노동자'에서 '주체형 투자자'로 가기 위한 처절한 부의 사다리라고 여겨야 한다.

투자를 제2의 직업으로 삼는다는 것은?

나의 경우 집에 돌아온 순간 회사원모드는 off 한다. 여기서 회사원모드는 회식, 동료와의 만남 등을 다 포함한다. 보통 회사동료와의 대화 주제는 "회사"이다. 그래서 나는 그런 시간들을 회사원모드 on 상태라고 정의한다. 그러기에 필수적인 만남을 제외하고 "NO"를 외치고 투자자모드로 on 한다. 저녁을 먹고 투자공부를 시작한다. 투자강의&복습, 경제뉴스, 부동산 관련 정책정독, 독서 등 온전히 투자자로서 몰입한다.

"최소 하루 4시간 투자공부 시간을 확보한다."

출근 전 2시간, 퇴근 후 2시간. 시간을 낸다고 해도 직장인 투자자에게 평일에 온전히 시간을 내기란 어렵다. 그렇기에 투자는 제2의 직업으로 선택이 아닌 필수로 대해야 한다. 보통 본인의 월급을 100% 만족하는 사람은 극히 드물다. 월급을 아주 만족하는 사람이라면 투자 공부에 본인의 시간을 할애하지 못할 정도로 자본주의 사회에서 시간 레버리지 수단으로 살아가고 있을 확률이 높다. 우리는 좋은 대학에 들어가 안정적인 회사에 취직하는 것을 목표로 학창 시절부터 정말 열심히 하루하루를 살아간다. 하지만 인생 역전을 꿈꾸며 한 방을 노리는 투자 공부는 그렇게 하지않는다. 흡사 투자를 로또처럼 대하는 경우가 많다. 하지만 투자는 로또가 아니다. 투자는 정직하다.

인생을 바꾸고 싶은가? 한번 살다가는 인생, 누군가에게 속해있는 나로 살기보다는 온전히 나로 정의되는 삶을 살고 싶지 않은가? 그렇다면 투자는 간절하게, 처절하게 해야 한다. 그래야 세상이 응답해 줄 것이다.

CHAPTER 22

당일 약속은 NO

챕터 22는 투자는 제2의 직업이라는 챕터 21과 이어진다. 이제 우리는 투자를 제2의 직업이라고 정의하기로 약속했다. 하지만 직장인 투자자에게 이렇게 살아가는 것이 여간 힘든 것이 아님을 얼마 지나지 않아 깨닫게 될 것이다. 내가 직접 경험한 사례를 보자.

보통 일요일 저녁, 이번 주에 해야 할 목록 리스트를 정하고 당일 아침 출근 전에 오늘 해야 할 일을 세부적으로 계획한다. 오늘의 계획은 퇴근 후 "투자 강의를 듣고 복습하는 것"이다. 업무시간에는 회사원모드로 on을 하고 열심히 일한다. 시간은 어느새 5시를 가리키고 있다. 이제 1시간 뒤 투자자모드로 on을 하게 된다. 그러다 갑자기 상사분이 눈치 없이 자리에서 쓱 일어나며 허공에 대고 "오늘 저녁이나 하지?" 한 마디를 날리신다. "저는 가능합니다!" "어디 갈까요?"라며 순식간에 회식 분위기가 조성된다. 그 분위기 속에서 "NO"를 외치기란 여간 어려운 게 아니다. 하지만 내일 업무시간에 누군가 만나자고 하면 "출근해야 한다"라고 거절할 수 있는 용기는 누구에게나 있다. 투자도 나에게는 "직업"이다. 상사분이 기분 상하시지 않게 선약이 있다고 말씀드린 후, 집으로 향한다. 그리고는 투자자모드 on으로 공부를 한다.

맞다. 상사 입장에서는 선약이 있다고 회식을 참여하지 않은 후배보다 흔쾌히 회식을 참여하는 후배들이 더 애정이 가기 마련이다. 내가 지향하는 인생의 방향은 근로자가 아니라 사업자 또는 투자자이다. 그렇기에 과감히 "저녁에 시간을 내어주는 살가운 후배"라는 타이틀을 포기했다. 자, 여러분은 이런 상황 속에서 회식을 참석할 것인가? 투자공부를 하러 갈 것인가?

내가 좋아하는 예능 유퀴즈 온더 블록에서 지금은 배우이지만 과거에는 삼성인이었던 분의 에피소드를 듣고 공감이 돼서 웃은 적이 있다.

"직장인일 때는 그렇게 당일날 소주 한잔 하자고 하는 상사분이 있었어요. 저는 그때마다 선약이 있다고 하고 집에 갔죠(웃음)."

"어떤 선약이요?"

"버스와의 선약이요(웃음)."

그 때는 거절하기 어려웠을테지만 지금 생각해보면 참 잘한 선택이다. 지금은 직장인에서 벗어나 본인이 하고 싶은 배우의 길을 걷고 있기 때문이다. 나도 지금은 직장인이지만 추후에 걷고 싶은 길은 사업을 하는 투자자이다. 바라보는 지향점이 다르기에 당일 약속은 과감히 "NO"를 외치고 본인과의 약속을 지켜야 한다.

실제로 인사시즌 이런 모습으로 불이익을 받아 "나도 당신이 마음에 들지 않습니다."라는 제목의 글을 쓴 적이 있다. 공감을 참 많이 받았던 글 중 하나이다. 일부를 소개하고자 한다.

어제 인사발령이 났고 속상한 마음이 가시지 않아 글을 건너뛸까 고민도 했지만 이 감정 또한 기록을 통해 남겨 동기 부여하자라는 마음으로 적습니다.

저희 회사는 보통 3가지로 인사가 결정됩니다.

1. 지연, 학연, 근무인연에 따른 빽
2. 아부와 아첨을 통한 상사를 향한 의전
3. 죽을정도로 심한 본인의 질병

네. 전 지역색이 뚜렷하지 않은 수도권이며 저포함 한 자리수가 졸업한 학교를 나왔으며, 아부와 아첨을 상사에게 할 용기가 없으며, 아주 건강합니다. 바다에 표류하는 부표처럼 아무 곳이나 배치하기 딱 좋은 사람이죠.

모든 사람에게 좋은 사람일 수도 없고, 그럴 필요조차 없습니다. 의전을 할 용기가 없어 저에게 주어진 일을 열심히 수행한 결과가 "융화 없이 자기 일만 매정하게 하는 직원"인 이 회사. 제가 후회하냐구요? 아니요 오히려 그렇게 행동하길 잘했다는 생각이 듭니다. 저의 거절 기준은 "제가 이 행동을 함으로 상대방에게 보상심리가 생길 것 같으면 표현한다."입니다. 제 선을 지켰기에 서운하다는 감정은 없습니다. 다만 이 부당함에 분노만 있을 뿐이죠.

저는 여전히 아첨과 아부를 통한 의전을 할 생각도 없고, 그분들의 승진을 위한 도구로 이용당할 생각도 없습니다.

저는 지금 회사라는 구명조끼를 입고, 제 다리가 아닌 구명조끼에 의지하여 바다에 떠 있습니다. 멋없게 회사에 의지하여 계속 떠 있을지, 아니면 회사라는 구명조끼를 과감히 벗고 저의 실력으로 바다를 헤엄쳐 나올지, 결정해야 합니다.

저의 현 상태는 근로소득 이외에 이렇다 할 현금흐름이 없고 경제적 자유를 이룬 상태가 아닙니다. 수영을 처음 배울 때 부표가 필요한 것처럼 억울하지만 저에게 지금 월급을 제공해주는 회사가 필요합니다.

하지만, 회사가 저에게 꼭 필요한 존재로 계속 남아있으면, 저에게 더 이상 구명조끼의 역할을 하지 않고 돌과 같은 존재로 오히려 깊은 바닷속으로 저를 끌어내릴 것 같다는 생각이 들었습니다. 두렵고 망설여지겠지만 더 앞으로 비상하기 위해서는 구명조끼를 벗고 제 스스로 헤엄쳐야 하기에 자기계발을 더 독하게 하려고 마음을 다잡습니다.

회사생활에서 회식을 거절하는 것만큼 힘든 것은 없다. 하지만 나에게는 선택이 아닌 필수인 해야 할 일이 있다. 비록 불이익을 받을지라도 직장이라는 이 세계를 당당히 나오면 지금 고민하고 있는 인사, 사내 정치 등은 아무것도 아니다.

나는 오늘도 다짐한다.

"회사라는 구명조끼를 벗어내자. 이를 위해서는 나홀로 나아갈 실력이 필요하기에 나는 오늘도 공부해야만 한다."

CHAPTER 23

한 번쯤은 이런 시기가 오나 보다

"연락을 가장 많이 하는 5명이 나의 현 주소"라는 말이 있다. 그만큼 사람들은 공통된 관심사에 따라 모인다. 책을 좋아하는 사람이 혼자 책을 읽다가 함께함에 결핍이 생기면 독서모임을 찾아가듯이 말이다. 처음에 저 말을 들을 때는 공감이 되지 않았다. 내가 주로 연락을 하는 친구들은 나와는 거의 정반대의 관심사를 가졌기 때문이다. 그러나 부동산공부, 글쓰기, 새벽기상을 통해 속된 말로 '갈아넣기'를 하고 있는 요즘, 서서히 저 말의 뜻을 깨닫고 있다. 그것도 아주 철저히.

대중으로부터 벗어나 단독자의 상태로, 단독자에서 단독자 모임으로 서서히 이동하고 있는 내 모습을 발견한다. 인생에서 인간관계가 정리되는 시기가 있다고 하는데, 지금이 나에게는 그런 타이밍인가보다. "외로움의 고통을 즐겨라."

퇴근 후에 뭐해?

1. 예전의 나 : 외식 등 저녁약속, 유튜브 시청, 친구와의 연락 등
2. 지금의 나 : 독서모임, 부동산 공부 등

퇴근 후 보내는 저녁 시간이 하루 중 가장 나를 성장시킬 수 있는 중요한 시간이다. 이 시간을 어떻게 보내느냐에 따라 앞으로의 내 삶이 정해진다고 확언할 수 있을 정도로 소중하다. 그래서 저녁 약속을

원하는 회사동료들의 손을 아주 가끔씩만 잡고있다.

새벽에 일어나서 뭐해?

1. 예전의 나 : 다시 잠을 청한다.
2. 지금의 나 : 신문읽기, 독서, 글쓰기 등

새벽에 일어나기 위해서는 저녁에 일찍 잠에 들어야 한다. 저녁약속을 웬만하면 잡지 않는 이유 중 하나는 새벽기상에 방해가 되기 때문이다.

주말에 뭐해?

1. 예전의 나 : 신나게 논다. 아주 신나게
2. 지금의 나 : 임장을 간다.

나란 사람은 사람을 참 좋아한다. 예전에는 재밌고 즐길거리가 있는 곳을 찾아가며 친구들과 즐기며 시간을 보냈다. 하지만 주말은 평일동안 지방에 있는 나에게 수도권을 임장할 수 있는 유일한 시간이라 놓칠 수 없다.

이러한 변화로, 기존에 만나던 친구들 약속보다는 부동산 투자스터디 등 자기계발하는 사람들과의 만남이 잦아졌다. 관심사가 같은 사람들과의 만남은 언제나 나에게 활력소이다. 친구들이 밤늦게까지 놀자고 할 때 새벽기상이 눈에 밟히고, 1박으로 놀러가자고 할 때, 투자대신 소비하는 데 돈을 사용하는 건 아닌가하는 죄책감이 내 마음

속에 자리잡는다.

"잠시만 STOP."

경제적 자유를 이루기 위한 나의 목표를 위해, 혼자 있는 외로움의 시간을 견뎌내려고 한다.

"외로움의 고통을 즐겨라. 그 고통 없이 부자가 될 수 없다."

by 그리스 격언

CHAPTER 24

나의 가치는 최소 7억

직업과 별개로 투자에 집중하면 상대적으로 월급에 대해서는 소홀하게 생각하기 쉽다. 부동산 투자하면 한 번에 몇백몇천을 벌 수 있는데, 한 달 동안 힘들게 일해서 받는 월급은 늘 언제나 '너무 작다'라고 느끼기 때문이다. 하지만 우리가 받는 월급은 회사에 속해있는 한 받을 수 있는 '리스크 없는 시드머니의 공급수단'이다.

우리나라 주식의 대표종목인 삼성전자를 가지고 있으면, 매년 배당수익이 발생한다. 21년 12월 기준 연간 3.84% 정도의 배당수익률이 발생할 것으로 예상된다. 즉, 현재 78,000원인 삼성전자를 가지고 있으면 연간 약 3,000원 정도의 수익이 발생한다고 기대할 수 있다.

나의 급여를 투자자산으로 환산해보자. 배당수익을 연간 3,000만 원 발생시키도록 하려면 삼성전자 몇 주를 들고 있어야 할까? 동일하게 연간 3.84%의 배당수익이 발생한다고 가정했을 때, 7억 8,125만 원 정도의 가치를 가진 삼성전자 주식이 필요하고 이를 주 수로 환산하면 10,016주 정도가 된다.

급여를 배당수익처럼 생각해 보자. 대략적으로 연봉이 3,000만 원이고, 연봉을 배당수익처럼 생각해본다면, 삼성전자 10,016주 만큼의 자산을 가지고 있는 것과 동일하다. 무려 7억 원이 넘는 자산을 가지고 있는 셈이다.

우리가 매월 받고 있는 월급은 투자하고 있는 자산에서 발생하는 자본소득이 아닌 노동소득이다보니 그 가치를 너무 낮게 평가하는 경향이 있다. 하지만 투자의 세계에서 우리가 받는 월급만큼의 수익을 발생시키는 자산을 가진다는 것은 절대 쉬운 일이 아니다. 따라서 월급의 소중함을 꼭 마음속에 새기며, 월급이라는 나만의 큰 자산을 충분히 활용해야 좋은 투자로 이어질 수 있다.

CHAPTER 25

주변 사람들과 만나는 방법의 변화

투자자의 길을 걷기로 결심한 이후로 주변 사람들과의 만남이 불편해졌다. 평일은 주말 임장을 가기 위한 예습과도 같은 손품과 투자 강의를 들어야하며, 주말은 임장을 해야 한다. 하루하루 계획표가 꽉 차있는 플래너를 볼 때면 번개모임에 대한 나의 대답은 "NO"가 될 수 밖에 없다. 하지만 그럼에도 불구하고 나를 찾아주고 반겨주는 가족들과 친구들과의 만남에 무조건 거절로만 응대하는 건 너무 미안하고 이건 아니다라는 생각이 들었다.

"괜찮은 방법이 없을까?" 정말 많은 고민을 했고 CHAPTER 18. 분위기 임장에서 말한 분위기 임장을 친구와 가족들과 함께하는 방법을 찾았고 시도해 보았다. 결과는? 대성공이었다. 매물임장도 함께 해보았지만 일단 인원수가 3명 이상이다 보니 부동산을 들어가기 애매했다.

분위기 임장은 동네와 아파트단지, 상권들을 쭉 보면서 그 지역 분위기를 느끼는 임장이기에 3명 이상 같이 다녀도 부담이 없었다. 그렇게 주변 사람들과 만나는 방법을 분위기 임장을 함께하는 것으로 변화시켰다. 감사히 부동산 투자에 관심이 생긴 친구들의 경우 직접 투자도 하고 그런 친구들과는 부동산, 매물임장, 모델하우스 관람도 함께 했다. 그리고 보상으로 그 지역에서 맛있는 음식을 다같이 먹으면서 힐링하곤 한다.

이젠 이런 나를 이해해주는 친구들과의 여행 일정은 새롭고 즐겁다. 반나절은 투자자로서 새로운 지역을 같이 임장하며, 또 다른 반나절은 젊고 예쁜 나이에 즐길 수 있는 여행을 즐긴다. 반면 걷는 것을 별로 안 좋아하는 친구들의 경우, 코엑스에서 열리는 집코노미 등 부동산 박람회를 함께 참여한다. 부동산 투자에 관심이 아예 없는 친구들이라면 서점이나 북카페를 가서 책을 읽는다. 이렇듯 꼭 만나고 싶은 친구들의 특성에 맞춰 만남과 동시에 자기계발을 행하고 있다.

지금은 남편이 된 남자친구와의 데이트도 "임장데이트"를 주로 했다. 내가 부동산 공부를 시작했을 때는 한창 집값이 상승하는 상승기였다. 우리는 2020년 겨울부터 줄곧 임장 데이트를 해왔다. 불과 몇 개월 전만 해도 벼락거지, 벼락부자, 내 집 마련 등 뉴스에서도, 주변에서도 재테크에 대한 주제는 빠지지 않는 시기가 있었다. '앉아서 걱정하는 건 바보 같은 짓이구나. 발로 뛰어보자. 욕심이 난다면 그에 맞는 노력을 해보자' 그렇게 데이트임장을 시작했다.

겨울에는 임장 중 너무 추워서 대형마트에서 장갑과 귀마개를 사고 몸을 녹인 후 다시 임장을 했던 웃픈 기억도 있다. 여름에는 너무 더워서 샤워한 듯 온몸이 쫄딱 젖기도 했다. 한 여름낮에는 도저히 안되겠다 싶어 카페에서 잠깐 쉰 적도 있다. 장마 기간에는 비바람을 뚫고

한 적도 있다. 다양한 임장을 해본 결과, 한여름날의 우중임장이 제일 힘든 것 같다. 찝찝함과 비바람 공격은 정말 겪어본 사람만 알 것이다. 이렇게 힘든 임장을 하고 난 뒤 먹는 그 지역의 맛집탐방은 정말 최고다. 그렇게 우리는 서로를 더 배려했고 단단해졌다. 이렇듯 "경제적 자유"를 향한 간절함을 느끼며 함께 나아갔다.

CHAPTER 26

기존 관계를 유지하는 방법

사람마다 생김새가 다 다르듯 관심사 또한 다르다. CHAPTER 27. 주변 사람들과 만나는 방법의 변화처럼 투자 등 재테크에 관심이 있는 친구들과의 관계는 생각보다 변화하기 쉬웠다. 문제는 재테크에 관심이 없는 친구들이다. 이러한 친구들을 만나는 방법에 대해서 엄청난 고민을 했다. 매번 여행, 외식을 함께하기에는 용돈으로 생활하는 나에게는 너무 부담이 되었다. 여러 시도 끝에 다음과 같은 방법을 사용하고 있다.

1. 체험단 적극 이용하기

블로그 이웃이 1000명 이상, 일 방문자수 300명 이상이면 각종 블로그 체험단을 이용할 수 있다. 식당, 카페 등을 체험단으로 신청한 뒤 친구들과 함께 방문한다. 친구들도 무료로 식사를 할 수 있고 이런 제도를 신기해해서 반응이 좋았다.(웃음) 체험단을 이용하면 식당, 음식 등을 사진촬영해서 포스팅을 해야하는 데, 서로 열심히 사진을 찍어서 공유를 해주기도 한다. 그리고 핵심! 이렇게라도 만남을 갖고 싶은 나의 진심을 어필한다. "너희를 만나고 싶은데 용돈살이 중이라 체험단을 신청했지 뭐야!! 잘했지!! 또 기회 되면 시도해 볼게! 체험단 되면 바로 만나자"

2. 집에서 요리해 먹기

외식을 하면 기본 1인당 2만 원은 우습게 지출하게 된다. 일주일 식재료를 항상 1만 원 안짝으로 끝내는 나에게는 이런 지출은 정말 고역 중의 고역이다. 체험단은 보통 2~3인 기준이기에 그 이상의 인원이 되면 애매하고 체험단 선정이 안 되었을 경우, 집에 초대를 해서 직접 요리를 해준다. 아직 자신있게 누군가에게 요리를 해주는 것이 즐겁다고 할 실력은 안 되지만 그래도 나름 정성이 들어간 거라 그런지 반응은 좋았다.

3. 비대면 연락으로 안부 묻기

투자공부를 하기 전에 친구들과 연락을 시작하면 끝은 항상 "그래서 언제 만날까?"라며 먼저 약속을 잡아야 직성이 풀리는 외향형 "E"와 계획형 "J"의 집합체였던 나였다. 그래서인지 연락을 하면 약속으로 이어져야한다는 부담감이 늘 내 마음 속에 자리잡고 있었다. 하지만 그건 나의 착각이었다. SNS로 종종 연락을 하는 것 자체를 고마워해 주고 반가워해 주는 친구들이 정말 많았다. 만남으로 이어지지 않아도 말이다! 그래서 그 다음부터는 안부를 물으며 기존관계를 유지해나가고 있다.

CHAPTER 27

다양한 사람들을 만나야 하는 이유

사회생활을 하는 직장인이 되면 생각했던 것보다 다양한 사람들을 만나기 어렵다. 취업준비생 입장에서는 월급이 꼬박꼬박 나오는 직장인이 부럽겠지만 "학생은 돈이 없지만 시간은 있고, 직장인은 돈이 있지만 시간이 없다."라는 말이 공감된다.

"퇴근하고 뭐해?"

회사생활을 하면서 정말 많이 들었던 질문이다. 예전에는 운동, 독서가 다였다면 부동산 투자공부를 하고 난 뒤로는 정말 다양한 모임에 참여하였고 그 곳에서 특별한 인연도 맺고 나에게 전환점이 된 계기를 마련해주기도 했다. 파생적으로 그 일이 일어났다는 점이 아직도 신기하다.

1. 자기계발 스터디를 만나다.

평범한 어느 날, 부동산 투자모임 단톡에 알람이 울렸다.

"자기계발 스터디 모집공고가 떴네요! 제가 직접 해봤는 데 너무 좋아서 추천드려요!"

사실 부동산 투자를 공부하기 전에는 딱히 새벽기상의 필요성을 느끼지 못했다. 왜냐면 퇴근하고 와서 하는 거라곤 운동과 독서가 전부였기 때문이다. 하지만 투자공부를 하고 난 뒤, 시간이 부족하다는 것을 늘 느끼게 되었다.

'새벽기상을 함께 하는 동료들을 만나면 좋겠다!'라는 생각을 하고 있던 터라 자기계발 스터디 모집글을 보고 바로 도전하게 되었다.

새벽기상, 독서모임, 멘토 등 굉장히 다양한 컨셉의 자기계발 프로그램으로 구성되어 있었다. 점차 새벽 기상이 익숙해졌고 습관인증을 차근차근 해냈다. 그러다 이 프로그램에서 열심히 한 사람들을 대상으로 "위너"를 선정한다는 걸 보고 아래와 같이 선언하였다.

"나는 자기계발프로그램에 열심히 참여하여 위너가 된다."

그렇게 참여하였고 몇 개월 지나지 않아 습관왕 위너가 되었다. 공표의 힘을 믿고 열심히 노력한 결과였기에 달콤했다. 그렇게 부동산 투자모임에서 만난 인연이 건네준 "자기계발 스터디" 모집글이 또 하나의 결실을 맛보게 해주었다.

2. 책과강연을 만나다.

자기계발 스터디는 조로 나뉘어 활동하는 데 신년을 맞이하여 줌으로 만나 서로의 목표를 공표하는 시간이었다.

"크로님~ 위너 축하드려요! 크로님은 이루고 싶은 거 있으세요?"

"음 저는 막연한 꿈이긴 한데, 책 읽는 것을 좋아하는 만큼 제 이름으로 된 책을 내고 싶어요! 너무 뜬금없고 비현실적이여서 말하기도 부끄럽네요."

그러자 조장님이 바로 말씀해주셨다.

"크로님 혹시 책과강연이라고 알아요? 글쓰기 프로그램이라고 저도 해봤는데 새벽기상해서 같이 글쓰고 하던데 한번 해보세요!"

"오 정말요? 글쓰기 프로그램이 있어요? 신기하네요 바로 봐야겠어요!"

그렇게 줌모임을 마치고 책과강연을 검색했다. 마침 글쓰기 프로그램 3기 모집 공고가 올라왔다.

"백일동안 글을 쓰고 인증하면 책을 출간할 수 있는 연구생 지원비용을 지원해드립니다."

'오 이거다!!'

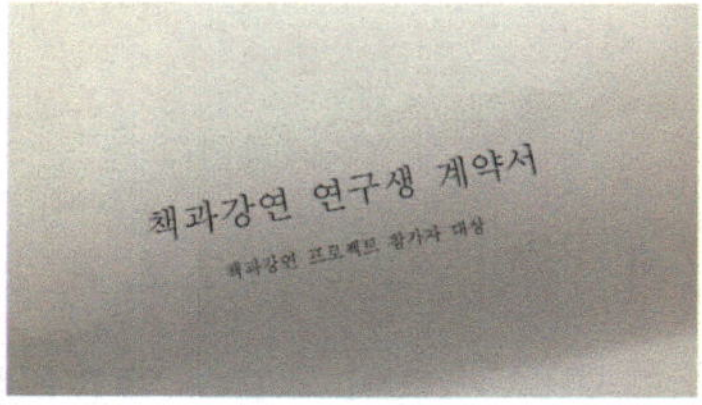

그렇게 백일동안 꾸준히 글을 발행했고, 완주자가 되어 책과강연으로 연구생으로 계약하며 책출간이라는 막연한 목표를 현실화하는 데 한 발짝 나아갔다. 그렇게 자기계발 스터디 모임에서 만난 인연이 건네준 조언이 또 하나의 결실을 맺게 되었다.

이런 말이 있다. “본인의 인생을 바꾸고 싶다면, 만나는 사람을 바꾸어라!” 본인과 가장 많이 시간을 보내는 사람 5명이 나란 사람을 대변해 준다는 말 또한 있다. 그만큼 우리는 주변 사람들에게 영향을 받고, 영향을 준다.

내 인생의 터닝포인트를 만들어준 사람은?

사회학자 마크 그라노베터는 가까운 관계보다 오히려 약한 고리로 연결된 관계가 우리에게 좋은 기회를 제공한다고 말한다.

요즘 이 말을 참 많이 느끼고 있다.

그 사람과 친해진 경로가 어떤 것인가에 따라 관심사가 다르다 보니, 대화 주제가 바뀐다. 그래서 나의 경우, 일부러 새로운 사람들을 만날 수 있는 낯선 환경 속으로 찾아 들어가는 편이다.

재테크 단톡방에서 대화 한 번도 안 해본 스터디원 중 한 명이, "나인해빗 추천합니다! 정말 좋아요"라는 추천 글에 시작한 나인해빗.

그렇게 시작한 나인해빗 조 모임에서 글쓰기에 관심 있는 나에게, 조원 중 한 명이, "책과강연 추천합니다! 정말 좋아요"라는 말에 시작한 책과강연 글쓰기 프로젝트.

이렇게 시작한 책과강연 글쓰기 프로젝트에서 만난 분들을 통해 또 어떤 기회가 찾아올지 참 궁금하다. 나 또한 그런 기회를 타인에게 주도록 노력해야겠다고 느낀다.

"낯선 사람에게 친절하라. 그는 변장한 천사일지도 모른다."

by 서양 속담

PART 5

시드머니를 똑똑하게
불리는 방법

CHAPTER 28

변동비를 고정비화 시켜라

한 달 수입은 얼마인가요? 이 물음에는 보통 MZ세대라면 바로 대답이 나올 것이다. 왜냐면 회사를 다니는 가장 큰 이유가 사실 "근로소득"으로 인한 수입이기 때문이다. 그렇다면 또 다른 질문을 해보려고한다. 한 달 지출은 얼마인가요? 이 대답에는 전자 질문보다 상대적으로 답변이 느리거나 못할 가능성이 크다. 사실 하고싶은 것도, 갖고싶은 것도 많은 MZ세대들 입장에서는 월급 안에서 소비하는 것 자체도 굉장한 인내력을 필요로 한다.

하지만 이 책을 선택한 독자나, 부동산 투자를 선택한 MZ세대들은 그 이상을 더 하고자하는 의지는 있을 것이라 생각한다. 즉 한 달 목표 저축률과 저축액을 설정하고 소비를 해야 한다. 그래야 종잣돈을 모아 하루빨리 부동산 투자를 도전해볼 수 있다.

목표 저축률과 저축액을 정하기 위해서 제일 먼저 해야 할 일은 변동비와 고정비를 나누는 일이다. 변동비의 사전적 의미는 항목의 변동이 있는 지출을 의미하고 고정비의 사전적 의미는 항목의 변동이 없는 지출을 말한다. 흔히 비용점검을 할 때 주목하는 건 고정비보다는 변동비이다. 사실 실제적으로도 비용을 줄일 수 있는 부분은 변동비인 경우가 많다. 하지만 그 전에 '이 항목이 정말 고정비로 감소시킬 수 있는 가능성이 전혀 없는가?'라고 철저하게 분석해야 한다.

항목

대분류	중분류	소분류	대분류	중분류	설명
비용	고정비	주거비	비용	고정비	월세, 가스비, 전기료 등 주거로 인해 발생하는 고정비
비용	고정비	용돈	비용	고정비	식비, 꾸밈비 등 인당 용돈 고정금액
비용	고정비	통신비	비용	고정비	휴대폰 요금
비용	고정비	교통비	비용	고정비	버스, 지하철, 시외버스 등 교통비
비용	고정비	보험료	비용	고정비	보험료
비용	특수비	의료비	비용	특수비	병원비, 약 값 등
비용	특수비	교육비	비용	특수비	강의수강, 책, 자기계발을 위한 구독료
비용	변동비	기부금	비용	변동비	현금 등 기부금
비용	변동비	경조사비	비용	변동비	경조사 비용
비용	변동비	이자비용	비용	변동비	마이너스 통장 포함 부채 원리금 상환 금액
비용	변동비	기타	비용	변동비	기타 비용

나의 경우, 위의 분류항목으로 가계부를 관리하고 있다. 고정비에는 주거비, 용돈, 통신비, 교통비, 보험료가 포함된다. 변동비에는 의료비, 교육비, 기부금, 경조사비, 이자비용, 기타가 포함된다. 여기서 핵심은 "최대한 변동비를 고정비화하는 것"이다. 이렇게 말하면 다들 의아해할지도 모른다. 흔히 고정비는 고정되어있는 돈이므로 일반적으로는 변동가능한 변동비를 줄이는 방식을 택하기 때문이다. 변동비를 최소화하고 고정비화시키는 이유는 바로 "예산 통제"에 목적이 있기 때문이다. 즉 고정비는 예산통제가 사전에 가능한 지출, 변동비는

예산통제가 사전에 불가능한 지출이라고 재정의한다.

그렇다고 무조건 변동비를 고정비로 분류만 하는 것은 의미가 없다. 고정비로 분류하고 최대한 예산을 줄일 수 있는 방법까지 적용해야 비로소 완성이다. 고정비 항목 중에 '용돈'에 주목해보자. 처음에는 식비, 꾸밈비 등을 변동비로 관리하고 가계부에 일일이 작성했었다. 하지만 가계부를 작성하고 반성하는 일은 사후관리이기 때문에 실질적으로 예산을 통제하기에는 강제성이 부여되지 않아, 지출방어가 효율적으로 이루어지지 않는다는 것을 느꼈다. 그래서 통장내역을 하나하나 분석하여 6개월간의 용돈 성격의 금액을 고정비화로 시키기 위한 예산을 설정했다. 보통 25만 원~30만 원 정도 사용했는데 나의 경우 좀 더 타이트한 예산관리를 위해 20만 원으로 용돈예산을 통제하고 있다. 이렇게 통제한 용돈 20만 원은 월초에 용돈통장 및 용돈전용 체크카드로 관리하고 있다. 체크카드를 사용할 때마다 내역이 다 정리되므로 가계부에 따로 기입하지 않아도 된다. 실시간으로 잔고가 확인이 되니 지출을 통제하게 되는 장점이 있다.

그 다음으로 고정비 항목 중 '통신비'에 주목해보자. 다들 통신비를 얼마나 쓰고 있는가? 통계청에서 2022년 3분기 가계동향을 조사한 결과, 1인 가구 기준 통신비는 평균 8만 5000원이다. 예산을 본격적으로 관리하기 전에, 나부터 6~7만 원대의 요금제를 사용하고 있었다. '통신비를 줄일 수 있는 방법이 없을까?' 그러다가 발견한 알뜰폰 요금제! 2만 4000원으로 약 65%의 통신비를 줄였는 데 2년 째 불편함

없이 사용하고 있다. 통신비를 고정비화 분류시키고 싶었는 데, 한가지 아쉬웠던 점은 약 6개월간의 할인 혜택 기간이 끝나면 알뜰폰 요금제도 월 4만 원으로 오른다는 점이다. 통신비는 월 3만 원 확정금액으로 고정비화 시키고 싶었다. 그러다가 발견한 알뜰폰 요금제의 장점은 바로 약정기간이 없다는 것이다. 즉 할인혜택기간이 5개월이면 그 기간동안 유지하다가 다른 혜택을 받을 수 있는 타사 알뜰폰 요금제로 갈아타는 것이다. 실제로 이런 방식을 통해 통신비 월 2만 원 예산 안에서 사용하고 있고 유심만 기간에 맞춰 신청 및 교체만 해주면 된다. 물론 이러한 작업들이 번거로울 수 있지만 줄일 수 있는 돈은 줄여, 시드머니로 확보하는 게 우리의 궁극적인 목표이기에 이겨내길 권유드린다.

이런 식으로 변동비를 고정비화를 시키면 목표 저축액과 저축률을 설정하기 수월해진다. 통제가 가능해지기 때문이다. 사람마다 각자 처해있는 상황이 다르기 때문에 저축액과 저축률을 단편화시키긴 어렵지만, 저축률은 수입의 50%는 해야한다고 생각한다. 투자는 여유자금으로 시작해야 감당가능한 투자가 될 수 있기 때문이다.

지금 바로 통장내역을 살펴보면서 변동비를 고정비화 시켜놓는 작업을 시작해 보자! 그리고 이를 통해 저축액과 저축률을 설정해 보자

CHAPTER 29

저축률을 올리는 월급 관리

금수저가 아닌, 가난하거나 평범한 집안에서 태어나 경제적 자유를 이룬 분들의 공통점은 과연 무엇일까? 그건 바로 악착같이 시드머니를 모으기 위한 "인내"의 시간이 있었다는 것이다. 경제적 자유를 이루고 나서도 돈의 소중함을 누구보다 알기에 헛되이 쓰지 않는다.

"인내"의 과정에는 필수적으로 "저축"이 있다. "부자가 되기 위해서는 돈을 아껴야 한다."라는 말은 누구나 알고 있다. 하지만 아는 것과 행하는 것은 엄연히 다르다. 먼저 다음과 같은 질문에 답할 수 있는가?

1. 지난달 당신의 저축률과 저축액은?
2. 당신의 고정비와 변동비의 구성목록은?
3. 당신의 자산과 부채 상태는?
4. 당신의 지출비 중 1위는?
5. 가계부를 쓰는 목적?

생각보다 많은 사람들이 본인의 월급만을 기억할 뿐 온전히 내 자산이 되는 저축액은 잘 모르는 경우가 태반이다. '적자가 안 나면 다행이지'라는 생각을 하고 있는가? 사람마다 가치관이 다르기에 강요할 생각은 없다. 하루하루를 즐기면서 살아가는 인생이 얼마나 멋진가? 하지만 나의 경우 경제적 자유를 이룬 분들이 롤모델이기에, 그 분들이 하셨던 방법대로 실천하고 있다. 그렇다면 어떻게 월급관리를 해야 할까?

1. 먼저 고정비와 변동비를 철저하게 구분해라

고정비는 말 그대로 고정지출이라는 고정관념으로 지출을 줄일 생각을 하지 않는다. 하지만 이 고정비를 줄여야 저축률이 눈에 띄게 상승할 수 있다. 통신비, 보험료가 대표적인 고정비로 분류되는 것들이다.

1) 통신비 : 알뜰폰 요금제를 이용하자

나의 경우 대표 통신사 3사를 이용하는 VIP였다. 하지만 지금은 알뜰폰을 애용하고 있다. 그 둘의 차이는 요금 차이 대비 솔직히 체감하기 어렵다. 비알뜰폰 핸드폰 요금제는 7~9만 원이지만 알뜰폰의 경우 할인 혜택을 받으면 1~2만 원에 이용할 수 있다. 벌써 이 부분에서 6~7만 원 저축액 차이를 만들어 낼 수 있다. 더 알뜰하게 이용하고 싶다면, 알뜰요금제는 약정일이 없기에 할인 혜택이 주어지는 5~6개월 정도 유지하다가 다른 혜택을 받기 위해 갈아타는 방법이 있다. 이 과정이 누군가에게는 귀찮겠지만 나의 경우 재밌다.(웃음) 유심칩만 변경하면 되는 것이기에 그렇게 번거로움을 느끼기 어렵다. 이렇게 고정비라고 생각했던 통신비도 똘똘하게 아낄 수 있다. 자세한 내용은 CHAPTER 30. 똑똑하게 예산 관리하는 방법에 서술하였다.

2) 보험료 : 기본적인 것만 가입해라

다들 보험료를 얼마나 내고 있는가? 나의 경우 약 20만 원을 내고 있었다. 암 보험료, 실비 등을 합쳐 꽤 많은 보험료를 지불하고 있었다. 하지만 나는 20대. 실비를 제외하고는 필요성을 느끼지 못했다.(물론 가족력 등이 있다면 보험은 필요하다.) 경제적 자유를 이룬 분들은 보험을 정말 최소한으로 들고 계셨다. '나중에 큰 병이 나서 비용이 많이 나오면 어떻게 하지?' 이건 보험회사가 만든 공포마케팅으로 과감히 그 공포를 박차고 나올 용기가 필요하다. 성공한 사람들의 경우, 보험료에 일정 금액을 지속적으로 납입하기보다 투자로 번 돈으로 병원비 등을 충당하고 있었다. 보험에 대한 진실 등을 다룬 책들과 영상으로 공부한 뒤, 실비를 제외하고 모든 보험을 정리했다. 현재 2.5만 원만 납입중이며 17.5만 원을 추가적으로 저축하고 있다.

사람마다 고정비와 변동비가 다르다. 그렇기에 본인 상태에 맞게 객관적으로 구분하는 것이 중요하다. 이때 핵심은 "고정비라고 해서 줄일 수 없는 건 아니다."이다.

2. 용돈 생활을 해라

사실 나의 경우 가계부를 쓰는 것을 그렇게 흥미로워하지 않는다. 필요한 소비만 하는 편이라 가계부를 쓰든 쓰지 않든 어차피 소비해야 하는 돈인데 가계부를 써봤자 저축률과 저축액에 차이를 주지 못하기 때문이다. 그래서 생각해낸 방법이 "용돈 생활"이다.

한 달에 고정비 등을 제외하고 흔히 변동비라고 불리는 돈은 한 달 20만 원 예산을 잡아놓고 사용 중이다. 그리고 그 용돈 안에서 사용하는 내역들은 체크카드를 이용하기에 따로 가계부를 작성하지 않는다. 쓸 때마다 줄어드는 "계좌 잔고"를 실시간으로 확인하는 것이 형식적으로 쓰는 가계부를 쓰고 확인하는 것보다 훨씬 소비 방어가 잘 되었다. 잔고를 보면서 약속을 조절하고 식비를 조절한다. 처음에는 힘들었는데 시간이 지나면서 어느덧 익숙해지고 있다. 체크카드와 함께하는 용돈생활, 도전해보면 어떨까?

3. 가계부를 작성하여 저축률과 저축액을 관리하라

나도 가계부를 쓰기 귀찮아하는 사람 중 한 명으로서 가계부 쓰는 것이 얼마나 저항감이 강한지 안다. 하지만 저항감을 줄이기 위한 방법은 바로 가계부를 쓰는 목적을 재정의하는 것이다. "가계부를 왜 쓰시나요?" 보통의 답은 "지출을 줄이려구요" 혹은 "가계부를 써야 지출내역을 확인해서 줄일 수 있어요." 하지만 가계부를 쓰는 행위에서 나아가 가계부를 분석하는 사람들은 주변에서 많이 보지 못했다. 보통 소비하자마자 기록을 위해 가계부를 작성한다.

나의 경우 가계부 작성 목표는 "저축률과 저축액을 관리하기 위해서이다." 우리 부부의 경우, 재무상태표와 손익계산서를 관리하고 있다. 재무상태표를 통해 월말 기준 시세에 따른 자산의 변동사항, 금리에 따른 부채의 변동사항을 확인한다. 더불어 손익계산서는 지출내역을 작성하면 실시간으로 저축액과 저축률이 변동되어 적나라하게 우리의 현 주소를 정확히 알 수 있게 시스템을 만들었다.

그냥 가계부를 목적 없이 작성하는 것은 지출을 통제할 수 없는 후조치일 뿐이다. 가계부의 목적성을 분명히 하고 내 소비가 저축률과 저축액에 어떻게 반영되는지 즉각적으로 나타날 때 체감이 되고 나의 소비를 돌아보게 된다.

CHAPTER 30

한 달에 최소 10만 원 식비 절약하는 방법

CHAPTER 30에서 말한 대로 변동비를 고정비화시킨 항목 중에 현실적으로 지키기 힘든 부분이 바로 "용돈"부분일 것이다. 친구들과의 약속, 간식, 식비 등이 다 용돈에 포함되기 때문이다. 상대적으로 지출이 거의 없는 나조차 식비부분은 정말 관리하기가 매번 어렵다. 그렇기에 특히 '식비' 지출을 방어하는 방법에 대해서 공유하고자 한다.

1. 일주일에 한 번씩 장보고 직접 요리하기

나의 경우, 마트에서 일요일 저녁, 일주일 치 장을 본다. 예산은 보통 1~2만 원 선에서 사용한다. 자취를 하고 있는터라 자칫 잘못하다가는 배달음식의 유혹을 받을 수 있기 때문에 주의가 필요하다. (실제로 자취 5년차인데, 혼자 있을 때 배달음식을 단 한번도 시켜먹지 않았다.) 일주일치 장을 볼 때는 5일동안 저녁을 준비할 수 있는 식단이 필요하다. 메인 요리 1개와 반찬 2개정도 요리하면 충분하다. 여기서 핵심은 메인 요리와 반찬 2개는 재료가 겹쳐야 한다. 직접 요리하지만 나의 냉장고는 보면 깜짝 놀랄정도로 안에 식재료가 없다. 즉 냉장고에 방치된 식재료가 없게 그 주에 다 소진하는 것을 목표로 한다.

예를 들어보자. 이번 주 메인요리는 달래된장찌개이다. 메인요리를 반찬보다 먼저 정해야 식재료를 최소화 하기 위한 장보기가 수월해진다. 달래된장찌개에 필요한 재료는 달래, 두부, 애호박이다. 그럼 이 식재료들을 이용해서 만들 수 있는 반찬은? 달래무침과 두부조림, 애호박볶음정도가 가능할 것이다. 이렇게 식재료가 겹치게 메인요리와 반찬을 만들면 버리는 식재료 없이 신선한 상태로 섭취할 수 있다. 식비 아낀다고 편의점 음식으로 대충 때우거나 굶는 것은 건강을 해치는 일이기에 하지 않고 있다.

2. 체험단 적극 이용하기

주말에는 수도권으로 올라가서 가족, 친구들을 만난다. 블로그는 퍼스널 브랜딩에도 도움이 많이 되기 때문에 운영하길 추천한다. 블로그 이웃수는 1일 1포스팅을 꾸준히 하고 정성스러운 서로이웃 신청을 하면 500명까지는 쉽게 만들 수 있다. 그다음 일 평균 방문객수가 좀 어려운데, 1일 1포스팅을 꾸준히 하고 키워드를 잡고 제목과 내용을 작성하는 방법으로 가능하다. 이렇게 블로그를 세팅한 후, 포털사이트에 '00체험단'이라고 검색해서 식비 3~4만 원권을 신청하면 된다. 식비 당첨이 되면 예약날짜를 조율한다. 예약날짜를 받게 되면 방문한 후 블로그에 1000~1500자, 사진 15장 이상의 방문후기를 남겨주면 된다. 나의 경우 체험단으로 한 달 식비를 평균 10~30만 원씩 아끼고 있다.

예를 들어보자. 친구와의 약속장소가 신도림이다. 보통 체험단은 1~2주전에 신청하는 것이 좋기 때문에 그 정도로 약속이 다가오면 체험단 사이트에 들어가서 '신도림'이라고 검색한다. 여러 체험단이 나오고 매장마다 가능한 날짜와 시간대가 있기에 확인하고 신청한다. 체험단 방문이 확정되면 친구와 함께 방문하면 된다! 체험단에 당첨되서 가족, 회사동료, 친구 등과 함께 식당을 방문하면 정말 좋아한다. (물론 나는 그 이후에 체험단 후기를 써야하는 번거로움이 있지만 식비 방어가 되니 좋다.)

3. 간식은 앱테크로!

삼시세끼 말고도 간식도 은근 식비로 분류되서 소비항목을 차지하는 경우가 많다. 엄청나게 많은 앱테크가 있고 실제로 오프라인 강의도 들어봤는데 수십개의 앱테크를 하는 것은 내 성향과는 맞지 않았다. 그래서 정말 내가 필요로 하는 앱테크 2개만 하고 있다. 바로 캐시워크와 GS출첵 이벤트이다.

캐시워크는 임장을 다녀서 항상 만보이상은 걷기에 생각보다 캐시가 잘 쌓인다. 보통 2주 정도 되면 간식을 사 먹을 수 있을 정도로 캐시가 쌓인다. 남편도 같이 진행해서 한 주에 한 번씩 간식을 캐시워크 앱테크로 방어하면서 먹고 있다. 둘 다 운동을 해서 평일에는 간식을 거의 먹지 않아 주말에만 먹어도 충분하다. 독자들 중에는 간식빈도가 높다면 일주일에 한 번 정도는 캐시워크로 간식지출을 방어하길 추천드린다.

그다음으로는 GS출첵 이벤트이다. GS앱을 깔고 출석 체크만 25일 이상 하면 간식을 주는 앱테크이다. 과자, 젤리, 음료수 등등 임장할 때 좋은 간식들을 많이 줘서 참여하고 있다. 매달 1일에 출첵이벤트 계속 참여를 누르면 앱을 켜면 자동적으로 출석 체크 버튼이 뜨기 때문에 1초 정도 걸린다. 정말 간단하므로 참여하길 추천드린다.

물론 이렇게 식비를 아끼기만 하진 않고 매달 말일, 용돈예산에 여유가 있으면 치킨 등 플렉스를 통해 셀프칭찬을 한다. 용돈예산에서 더 아낀다는 마인드보다는 용돈예산 안에서는 죄책감없이 사용해서 절약의 기쁨을 느낀다라는 마인드로 생활하고 있다. 나는 투자마인드가 있어서 절약을 하는 것이지, 구두쇠 기질로 무조건적으로 돈을 아끼는 것이 아니기 때문이다.

CHAPTER 31

평균 결혼식 비용의 1/7로 결혼 준비하는 방법

10년 연애, 그리고 결혼

10년 연애를 완료하고 결혼이라는 새로운 출발을 결정하게 되면서 우리 부부는 "현명하게 결혼하는 방법"에 대해서 서로 의논을 많이 했다. 핵심 마인드는 바로 이것이었다. "한 번뿐인"이라는 말에 현혹되지 말고 정말 필요한 부분만 하자.

결혼을 해본 분들이라면 알겠지만 결혼식을 준비하는 데 드는 비용은 정말 생각보다 많다. 추가추가추가 뭐가 이렇게 추가할게 많은지.(웃음) 결혼전문업체 듀오의 2022년 결혼비용 보고서에 따르면 평균 결혼비용은 총 4,720만 원이다. (신혼집 제외) 예식비용(예식홀, 웨딩패키지) 1,278만 원, 예식외 비용(예물, 예단, 혼수용품, 신혼여행) 3,442만 원으로 거의 연봉수준의 예산이 결혼을 위해 사용된다.

결론부터 말하자면 우리 부부의 결혼식 총 비용은 결혼식 관련 비용 469만 원, 신혼여행비용 190만 원으로 총 659만 원이다. 평균비용의 7분의 1인 비용으로 아름다운 결혼식을 올렸다. 그 비결은?

1. 결혼식편

1) 웨딩홀 : 식장사용료, 꽃장식, 피로연

총 비용은 0원이다. 어떻게 그게 가능할까? 비수기 이벤트를 적극적으로 활용했다. 보통 결혼은 날이 따뜻한 3월~6월이나 9월~11월에 가장 많이 한다. 12월도 연말 느낌이라 많이 하는 편이다. 열심히 발품을 판 결과, "비수기 때는 대관료가 무료인 곳들이 있다."라는 정보를 얻게 되어 웨딩박람회 플래너에게 적극적으로 문의했다. 우리가 원하는 조건을 충족하는 몇 군데 웨딩홀을 소개받아, 식대 등 부대비용을 고려하여 가장 최적인 7월 말로 결혼식을 잡았다. 실제로 7월 말에 결혼한다고 하니 "왜 이렇게 제일 더울 때 해?"라는 말을 참 많이 들었는데 우리는 가장 좋은 시간대인 12시 30분이었고 앞뒤로 그 날 당일 결혼하는 부부들이 6쌍이나 더 있었다. 즉 결혼은 사계절 내내 많이 하므로 비수기에 한다고 눈치 볼 필요 없다. 결혼 주인공인 부부의 의견만 일치한다면 "비수기 이벤트를 활용한 결혼날짜 잡기"를 적극 추천한다.

2) 웨딩
패키지 : 스튜디오, 드레스, 메이크업, 헬퍼비, 웨딩카, 양가부모님 메이크업, 부케용품(부케, 부토니아, 코사지) - 스냅, 본식 모두 포함

총 비용은 275만 원이다. 과감하게 스튜디오 촬영을 생략했다. 보통 스튜디오 촬영과 야외스냅촬영을 함께 찍지만, 우리는 후자인 야

외 스냅촬영만 선택했다. 보통 결혼 준비하면 예쁜 드레스와 웨딩사진을 보기 위해 SNS를 보는데 우리는 그 대신 경제적 자유를 이루신 분들의 결혼에 대한 조언 영상을 많이 보았다. 공통적으로 말씀하시는 부분 중 하나가 "스튜디오 촬영은 결혼과정에서 제일 돈이 아까웠다. 신부만 괜찮으면 생략해라"였다. 젠더갈등을 유발하려는 게 아니라 결혼은 수많은 선택이 따르는데 거의 신부에게 최종결정권이 있다. 그리고 나는 감사히 여자다.(웃음) 바로 생략했다. 헤어&메이크업, 드레스, 사진기사님을 발품 팔아 각각 섭외하였고 내가 좋아하는 노을, 야경, 하늘과 함께 즐겁게 촬영하였고 부모님, 친구들도 다 너무 예쁘다고 이야기 해주었다. 실제로 결혼 앞둔 친구는 내가 촬영했던 곳에서 야외 스냅촬영을 진행하였다. 웨딩사진 예산은 100만 원으로 정해놓았는데 95만 원으로 목표한 예산 안에 들어와서 너무 뿌듯했다. 재테크 마인드가 있는 신혼부부라면 "과감하게 생략하기" 해보는 건 어떤가?

3) 혼수품 : 한복, 예물, 예단, 가전/가구, 주방용품 등

총 비용은 50만 원으로 양가 어머님 한복 2벌 금액이다. 나는 철저한 J형이라 결혼 준비도 1년 전부터 해서 고정금액으로 계약서를 작성하고 왔는데 실제로 1년 뒤인 계약 시점, 한 벌당 40만원이 되어있었다. 발 빠르게 한 덕분에 평균 시세보다 굉장히 저렴하게 이용할 수 있었다. 예물, 예단은 생략했고 우리는 풀옵션 월세 원룸으로 신혼집을 선택했기에 가전/가구도 필요없었다. (투자시드머니를 전세금으로 깔고 앉기 싫었다.) 주방용품도 평소 쓰던 물품 등으로 채워 추가로 돈이 들지 않았다. 무엇보다 결혼반지도 5년 차에 맞춘 커플링으로 대체했다. "소모품에 돈 쓰지말자"라는 가치관으로 이 또한 과감히 생략했다. "결혼 준비는 미리미리, 자산이 아닌 소모품에 돈 쓰지말자" 실천해보는 것 어떤가?

4) 웨딩 이벤트 : 청첩장, DVD, 주례, 사회, 축가, 스킨케어, 사진액자

총 144만 원이다. DVD도 1년 전에 발품을 팔아 굉장히 저렴하게 예약할 수 있었고 (보통 웨딩업체 시세가 꾸준히 오르므로 미리미리 예약하는 것을 추천한다.) 대형 사진액자는 플래너의 선물, 진열액자는 네이버포인트를 사용해서 0원이었다. 식전영상과 감사영상도 직접 제작해서 별도로 돈이 들지 않았고 스킨케어도 팩1개로 대체하여 과감히 생략했다. 나는 평소 자연스러운 내 얼굴이 좋다.(웃음)

그렇게 아낀 돈으로 내가 두 아이를 후원하고 있는 컴패션에 결혼 첫나눔으로 기부했다. "허례허식이라고 생각한 결혼식에는 비용을 아끼되, 후원 등 가치 있는 일에는 돈을 아끼지 말자"라는 가치관을 가지고 있다. "한 번뿐인"이라는 말에 현혹되지 말고 "부부의 가치관"을 가장 잘 나타낼 수 있는 결혼식을 해보는 건 어떨까?

2. 신혼여행 편

우리 부부가 신혼여행을 간 7월 말~8월 초는 극 성수기였다. 그래서 숙박, 항공권 등 모든 물가가 평소 몇 배였다. 일반적으로 신혼여행은 하와이 등 해외로 가기 마련이다. 하지만 이 또한 신혼여행 사진 등을 SNS에서 찾아보는 대신 경제적 자유를 이루신 분의 신혼여행에 대한 조언 영상을 참고하여 그대로 실천했다. "신혼여행으로 해외 등 좋은 곳을 갈 필요 없다. 나중에 여유가 생기면 그때 많이 가라. 그때 가는 게 위너다." 하지만 대다수의 사람들은 이렇게 말한다. "신혼여행인데 해외 가야지 뭔 국내야. 한 번뿐인 신혼여행, 돈 아끼지 말고 다녀와!" 하지만 내 인생 책 보도새퍼의 돈에서는 말한다. "당신이 도달하고 싶은 곳에 이미 도달해 있는 사람을 제외한 다른 사람의 충고를 절대로 받아들이지 말라"

우리 부부의 신혼여행지는 거제, 통영, 울산, 부산으로 총 비용은 190만 원이다. 신혼여행하면 일반적으로 많이 가는 하와이 항공권을 2인 편도기준으로 찾아보니 191만 원으로 우리가 2주간 신혼여행에서 사용한 총비용과 거의 비슷했다. 이제 내역을 구체적으로 공개하고자 한다. 신혼여행도 "한 번뿐인"이라는 말에 속지 말고 똑똑하게 해보자. (나는 여행을 좋아하므로 나중에 지겹도록 갈 것이다.)

1) 교통비 : 차량대여비, 시외버스, 주차비

총 120만 원이다. 극 성수기라 차량대여비가 굉장히 비싼 건 어쩔 수 없었다. 신혼여행 중간중간 평소 보고 싶었던 그 지역의 대장아파트, 분양단지들을 보느라 비용이 더 많이 들기도 했다.

2) 식비 : 삼시세끼, 간식

총 9,870원이다. 우리부부가 신혼여행 비용 중 야심차게 절약할 수 있는 방안을 마련하고 간터라 상당히 많이 절약할 수 있었다. 아무리 그래도 2주 삼시세끼에다가 간식도 먹었는데 그게 가능해? 라고 하는 분들을 위해 내역을 공개하고자 한다.

2-1) 체험단 이용하기

블로그 이웃 1000명 이상, 일방문자 300명 이상이 되면 각종 체험단에 응모하면 식당, 레저 이용권 등을 받을 수 있다. 물론 체험한 후기를 블로그에 남겨야 하는 번거로움이 있지만 우리부부의 경우, 식비를 아낄 수 있다는 사실이 더 좋아서 선택하였고 총 38만 원을 방어할 수 있었다.

2-2) 복지포인트 사용하기

남편이 회사워크샵에서 게임 우승포상비로 회사 복지포인트로 20만 원을 상금으로 받아 방어할 수 있었다. 정말 워크샵에서 이를 갈고 참여했다고 한다.(잘했어 남편)

2-3) 선물받은 기프티콘 활용하기

생일선물, 선착순 게임 등을 활용해 약 6만 원 비용을 방어할 수 있었다.

3) 숙소비

숙소비는 남편의 회사가 중소기업이라 가능했던 방법인데 바로 중소기업 휴가지원사업인 "휴가샵"을 이용하여 20만 원을 방어했다. 총 40만 원의 숙소비를 회사 20만 원, 본인 20만 원 이렇게 지원해주는 건데 꽤 쏠쏠해서 추천한다! 극성수기라 렌탈비 다음으로 숙소비가 너무 비쌌는데 그나마 잘 방어한 것 같다.

4) 관광비

사진관, 루지, 해변열차 등 하고 싶은건 다했고 체험단으로 8만 원을 방어할 수 있었다. 유람선과 사진관을 체험단으로 이용했던 것이 가장 큰 수확이었다.

우리 부부는 결혼식, 신혼여행을 세상의 기준이 아닌 철저히 경제적 자유를 이루신 분들의 기준대로 준비했고 그대로 실천하였기에 축의금 > 결혼 관련 비용으로 플러스인 상태로 신혼생활을 시작했다. 가계부에 그 플러스 금액은 곧 자산이 되었고 우리 부부는 함께 하이파이브를 하며 서로 행복해했다. 우리 부부는 자린고비, 구두쇠 성향은 아니고 투자자로 잠시 인내의 과정을 거치는 중이라 목표로 하는 자산과 현금흐름에 도달하면 기부 FLEX와 여행 등 그 누구보다 행복하게 즐길 예정이다.

CHAPTER 32

뭘 무서워 그냥 하는 거지

요즘 내 주위 친구들만 봐도 주식계좌 정도는 기본으로 들고 있다. 말 그대로 재테크[뜻 : 재무라는 의미의 '재財'와 기술을 의미하는 테크놀로지technology의 앞부분인 '테크tech'를 합성하여 만든 단어] 를 기본으로 하고 있다. 물론 모든 일에는 100%가 없듯 주식 등 투자보다는 적금을 넣는 친구들도 있다.

나도 회사 1년 차까지는 "투자"를 하기 위해서는 어느 정도의 시드머니가 필요하다고 판단했기에 적금을 들었다. 하지만 목표는 분명했다. "목표한 시드머니가 모이면 적금에서 투자로 갈아탄다. 적금이 목적이 되어서는 안 된다."

돈은 거의 안 쓰는데, 물가 상승률에도 미치지 않는 적금 1~2% 이자에 포커스를 맞추는 친구가 있어서 조심스레 투자를 시작하라고 권했더니 돌아온 대답.

"무서워... 그러다가 돈 잃으면 어떻게 해."

그러나 안전과 자유는 양립할 수 없다. 항상 "퇴사하고 싶다. 힘들다."를 입에 달고 사는 친구라 네가 원하는 퇴사를 위해서는 경제적 자유가 선행되어야 하고 그러기 위해서는 근로소득을 넘어선 부의 추월차선에 올라타야 된다고 말해주었다.

하지만 우리 모두 이미 머리가 다 커버렸다. 듣고 싶은 말만 듣고, 하고 싶은 것만 한다. 사실 나란 사람도 "안전제일주의"이다. 그래서 투자를 할 때, 앞으로의 미래발전 가능성이나 호재 등은 보너스와 같은 개념으로 바라본다. 투자를 하는 시점 즉 재테크 수단을 사는 순간 바로 이익을 가져다줄 수 있는 투자를 하길 원한다.

생각을 행동으로 실천하는 사람은 드물고, 그 실천이 지속되어 마침내 목표한 것을 이루는 사람은 극히 소수다. 사실 경제적 자유를 이루기 위한 방법은 생각보다 심플하다는 것을 우리 모두는 안다. 번 것보다 적게 쓰고, 시드머니를 모아 투자 공부를 통해 배운 전략들을 실행으로 옮기는 것이다. 그리고 성공과 실패를 계속 반복하면서 실패보다 성공의 횟수를 점점 더 늘려나가면 된다. 이렇듯 그 지루한 길을 계속 묵묵히 걸어가면 이룰 수 있다.

이미 경제적 자유를 이룬 분들에게 여쭤보고 싶었던 질문. 경제적 자유를 이뤘을 때 기분이 어떠셨나요? 답은 정말 심플했다. "덤덤했다. 그 순간에도 나에게는 해야 할 일들이 있었기 때문이다." "투자를 반드시 하라"라고 말하고 싶은 것이 아니다. 다만 경제적 자유라는 목표를 이루고 싶으면 그 욕심에 맞는 노력을 해야 한다는 것을 강조하고 싶을 뿐이다.

나란 사람은 욕심이 참 많다. '욕심 버리고 편하게 살기'와 '욕심내고 그에 맞게 노력하기' 이 두 가지 중에서 나는 후자를 택했을 뿐이다. 전자로 살기 원하는 사람은 그렇게 살면 된다. 인생에 정답은 없다.

좋은 지역에 가면 '여기서 꼭 살고 싶다'라고 느끼지만 부동산에 붙여진 매매가격을 보고 '와우 역시 엄청 비싸네'라고 씁쓸히 돌아설 때가 많다. 막연히 좋은 집에서 살고 싶다고 생각만 하는 것이 아니라 직접 내가 살고 싶은 지역에서 현실적인 가격을 마주했을 때의 느낌이란 느껴본 자만 안다.

"다음에 돈 가지고 오겠습니다" 안전과 자유는 양립할 수 없다는 팩트를 마음에 새기며 오늘도 묵묵히 전진하려고 한다. "안전과 자유, 모두 가질 수 있으면 얼마나 좋겠어. 허나 세상은 그렇게 호락호락하지 않아. 욕심이 난다면 그에 맞는 노력을 하면 돼. 못할 것도 없잖아?"

CHAPTER 33

하루를 바쁘게 살아가는 우리 모두를 위하여

"끝내지 말고 이루자."

같은 말 아니냐고? 그렇게 느낄 수 있지만 조금 다르다. 사전적 의미를 살펴볼까? 끝내다[일을 다 마무리하다]와 이루다[뜻한 대로 되게 하다]. 이제 좀 느껴지는가? 엄연히 이 둘은 다르다. 물론 나조차도 내가 계획했던 일들을 끝내기보다 이루고 싶은 사람이다.

지금부터 오랜만에 만난 친구와의 대화 주제였던 "원씽"에 대한 얘기를 나눠보려고 한다. 오랜만에 취업 준비하는 친구와의 만남에서 있었던 일이다.

"잘 지냈어?"

"나야 잘 지냈지!! 요즘 어떻게 지냈어?"

간단히 안부를 묻고 대화 주제는 자연스럽게 "미래"에 대한 이야기로 흘러갔다.

"요즘 인턴 중인데, 인턴 동료들은 정말 바쁘게 살더라. 나는 한 가지에 몰입하는 스타일이라 여러 가지를 한꺼번에 못하겠더라고... 괜찮다고 생각하면서 덩달아 마음이 바빠지고 초조해지는 거 있지..." 취업이라는 긴 터널을 지나온 사람이라면 누구나 한 번쯤은 느껴본 감정이다.

순간 내 머릿속은 출근길에 오른 사람들처럼 바쁘고 복잡해졌다. 무책임하게 괜찮다는 위로를 해주자니, 취업시장은 아시다시피 치열하다. 그렇다고 이미 최선을 다하고 있는 친구에게 "힘내! 할 수 있어!"라고 말해주는 건 더 잔인하다. 그러다가 내 머릿속을 스쳐간 책, 바로 "원씽."

나란 사람부터가 수많은 일을 하고 그걸 끝냈다는 사실에 좋아하는, 속된 말로 표현하면 욕심쟁이였다. "성공=바쁨"이라는 잘못된 프레임이 내 안에는 있었다. 이렇듯 성공에 관한 잘못된 믿음들이 원씽을 가로막는 주된 요인이다.

한 번 생각해 보자. 내 안에는 성공에 대한 프레임을 무엇이라고 정의하고 있는지 말이다.

고민하다가 던진 나의 한마디, "인생에 정답은 없어~ 너는 너의 페이스대로 하되, 일을 끝내지 말고 대신 이루자" 친구의 번쩍이는 눈을 아직도 잊지 못한다. "야... 너무 좋은 말이다. 기억하고 그대로 실천할래."

내가 내뱉은 한마디 "일을 끝내지 말고 이루자"라는 작은 공으로 그 이후로도 몇 시간에 걸친 대화를 나누었다. 이유 있는 긍정적인 대화들로 가득 찬 우리의 시간은 지금 생각해도 가슴 뛸 정도로 벅차다.

원씽은 열심히 살던 사람들에게 더 힘든 과제일 수가 있다. 나조차 이것도 해야 하고 저것도 해야 하고 하나라도 놓칠 수 없다고 회피를 해버렸기 때문에 충분히 이해한다. 그리고 여러 가지를 동시에 하는 삶은 나에게 '나 진짜 열심히 살고 있네'라는 뿌듯함을 안겨준다.

하지만 잠시 멈추고 나에게 귀 기울여보자. "일을 끝내기 위해 하는가 아니면 나의 목표를 이루기 위해 하는가" 조금이라도 망설여진다면 이 기회에 과감히 원씽에 도전해보자. 방법은 생각보다 간단하다. 과거에는 할 일 목록을 적었다면, 이제부터는 나만의 원씽을 찾아 성공 목록으로 바꿔보는 것이다. 꿈을 이루기 위해 미루지 말고 지금 당장 원씽을 해보자

마무리. 나의 성공은 나만의 것이 아니다.

나의 블로그는 항상 이런 인사말로 글을 시작한다.

"안녕하세요 시간부자를 꿈꾸는 크로(크나큰 사람으로)입니다."

나는 왜 시간부자를 꿈꿀까? 그건 지금 나에게 "시간을 내어주는 것"이 타인에게 베풀 수 있는 가장 큰 사랑의 방법이기 때문이다. 훗날 경제적 자유를 이루게 된다면 "체인저"가 되어 나의 도움이 필요로 하는 곳에 나의 재력과 시간이 사용되길 원한다.

직장생활 때문에 힘드신가요?

인간관계에 너무 지치셨나요?

삶이 무료하고 재미가 없나요?

이런 고민들은 직장인 MZ세대들이라면 한 번쯤은 해봤을 것이다. 보통의 사람들은 이런 고민들을 해결하기보다는, 같은 고민을 하고있는 친구들에게 힘듦을 푸념하고 위로를 받지만 어쩔 수 없이 그 자리로 다시 돌아간다. 하지만 부동산 투자를 시작한 사람들을 보면 직장생활, 인간관계로부터 오는 부정적인 감정을 절대 개인적인 영역으로 끌고 오지 않는다.

절대 쉬운 일은 아니지만, 부정적인 감정에 머무르지 않고 단호히 빠져나와야 한다. 그리고 힘듦을 느끼는 자리에서 조금이라도 빨리 벗어나기 위해 공부해야 한다.

당신은 누군가에게 "상황"이 된 적 있는가?

프레임 책을 보면 "누군가에게는 내가 바로 프레임=상황이 된다." 라는 구절이 나온다. 타인이 나에게 끼치는 영향력 대비 내가 타인에게 끼치는 영향력은 간과하는 경우가 많다.

스우파에 출연했던 모니카와 립제이 관계성에 대한 인터뷰를 본 적이 있다. 피도 안 섞인 남남이 서로에게 긍정적인 영향을 주는 관계. 참 아름답다. 문명특급에 나온 모니카의 인터뷰를 보고 "이 사람 참 멋지다."라는 생각을 하게 됐다.

주변 지인들에게 슬픈 일이 생길 때, 위로해주는 일보다 더 어려운 것이 있다. 바로 내 주변 지인들에게 기쁜 일이 생겼을 때이다. 특히 그 지인이 같은 목표를 달려가는 친구이자 경쟁자일 경우 더더욱 어렵다. 질투하는 나 자신을 보며 내가 이 정도밖에 안됐나라고 할 정도로 진심으로 축하해 주기 어려울 때도 있다.

모니카에게 "춤 실력의 비결이 무엇인가요?"라고 했을 때 모니카는 "자격지심, 열등감, 잘난친구"라고 대답했다. 대답을 보는 순간 멍-할 정도로 놀라웠고, 멋있다는 생각이 들었다.

모니카에게 립제이란, 상황 그 자체였다. 대회에 나갔다 하면 1등을 휩쓸고 자존감도 높은 립제이 옆에 어울리는 사람이 되고 싶은 마음에 열심히 꾸준히 노력했다는 모니카.

마인드가 너무 멋있다. 대부분의 사람들은 "질투, 열등감"으로 스스로를 자책한다. 단어 자체가 주는 부정적인 분위기는 바로 이런 이유일 것이다.

"누군가의 상황이 된다는 일, 기분좋은 책임감을 느낄 수 있게 해준다."

우리 모두 나도 모르는 사이, 누군가에게 영향을 끼칠 수 있는 "상황"이 될 수 있다. 그러기에 타인을 위해, 나를 위해 오늘도 열심히 세상을 조금이라도 아름답게 바꾸기 위해 노력해보는 건 어떨까?

"나의 성공은 나만의 것이 아니다."

감사히 경제적 자유를 이루고 있는 과정 속에 있는 나로 인해 삶이 변화되었다고 말해주는 고마운 사람들이 있다.

나의 친오빠

내가 임장스터디를 다니는 것을 알고 본인도 함께 참여하며 그때 이후 부동산 커뮤니티 스텝을 하고 투자도 적극적으로 하면서 직장인 투자자로 열심히 살아가고 있다. "그때 제가 동생이 임장스터디 준비하는 노트북 화면을 보지 않았다면 제 삶은 달라졌겠죠."

나의 친구들

직장, 인간관계 등으로 힘들어하는 친구들에게 그 힘듦과 분노를 다른 방식으로 풀어보는 건 어때?라고 손내밀었고 이를 계기로 부동산 강의, 책을 읽으며 열심히 공부하고 있다.

"크로를 만나고 난 뒤 제 한 시간의 가치가 달라졌으며, 한 시간의 가치가 모여 하루가 달라졌습니다. 막연하게 관심만 갖던 부동산 공부에 뛰어들었고 청약, 재개발, 재건축, 경매, 대출, 임장 등 부동산의 A부터 Z까지 크로와 함께였기에 지름길로 걸어올 수 있었죠."

"퇴사하고 싶다. 오늘날 한국에서 대부분의 직장인들이 가장 많이 다짐하는 말이 아닐까 싶습니다. 크로는 하루하루 월급날을 기다리고 있던 저에게 경제적 자유를 찾아갈 수 있도록 나침판의 역할이 되어주었고 지금의 저는 그를 바탕으로 경제적 자유를 목표하는 과정에 서있을 수 있게 되었습니다."

나의 회사 후배들

함께 교육출장간 곳에서 미래에 대한 이야기를 하며 자본주의에 대해서 말해주었고 그 때 이후 재테크 강의, 책을 읽으며 열심히 공부하고 있다.

"전 사실 크로선배님 만나기 전에는 친하지 않더라도 술자리나 약속 있으면 다 참석했었는데 요즘은 친한 사람들 자리만 가끔씩 나가고 퇴근 후에는 재테크 관련 공부를 하며 열심히 살고있어요. 크로선배님 만나기 전까지는 삶의 목표가 없어서 퇴근 후에는 무료하게 살았는데 요즘은 목표가 생기니까 좋아요."

"저도 크로선배님 덕에 시간을 생산적으로 쓰고 있어요. 자유시간이 주어지면 주로 유튜브에서 예전 예능을 봤는데, 이제는 매일 부동산 뉴스를 읽고, 앱테크, 가계부 쓰기를 하고, 재테크 관련 독서 등 생산적인 정보를 수집하게 되었어요. 크로선배님을 만난 걸 인생의 행운으로 생각하고 있습니다."

그리고 나의 남편

"학교를 졸업하고 직장생활을 하면서 그저 세상이 떠미는 데로 살았으며 그저 일만 열심히 하면 된다고 생각했습니다. 책에 전혀 관심이 없었던 제가 이제는 책장이 부족해서 책을 쌓아놓고 살고 있습니다. 퇴근 후에 게임하기 바빴던 삶에서 이제는 자기계발하기 바쁜 삶을 살고 있습니다. 제 아내는 자기계발하라는 말 대신 제게 스스로 노력하고 성취하는 모습을 보여줬습니다."

이 책을 선택한 당신이 바로 그 다음 주인공이 될 수 있다. 준비가 되었는가?